WOLFGANG BRENNEISEN

SURVIVAL IN DER SCHULE

*Tricks für Lehrer
und was Schüler daraus lernen können*

Originalausgabe

WILHELM HEYNE VERLAG

MÜNCHEN

HEYNE ALLGEMEINE REIHE
Nr. 01/7611

Für Miles Kington

4. Auflage

Copyright © 1988 by Wilhelm Heyne Verlag GmbH & Co. KG, München
Printed in Germany 1991
Umschlagzeichnung: Chlodwigh Poth
Innenzeichnungen: Chlodwigh Poth
Umschlaggestaltung: Atelier Ingrid Schütz, München
Gesamtherstellung: Ebner Ulm

ISBN 3-453-00765-4

Inhalt

Vorwort

Wieviele Bücher für die Hand des Lehrers gibt es? Eine Million? Oder zwei Millionen? Ich habe sie nicht gezählt, aber eines weiß ich: Es ist zumeist wertloses Zeug, dummes bedrucktes Papier, Schaumschlagen und Windbeutelei. Ja, Theorien und Systeme gibt es genug, aber hast du ein Werk gewissenhaft durchgelesen und klappst es zu – dann bist du so klug oder dumm wie zuvor. Und versuchst du gar, gemäß der Abhandlung zu unterrichten, wirst du kläglich Schiffbruch erleiden.

Gerade der junge Kollege, der flachsblond und mit großen Augen die Schule betritt, fühlt sich wie ein Reh an der donnernden, mörderischen Autobahn. Da wälzen sich die Schüler vorbei wie Lavaströme, Lehrer hasten grußlos einer wichtigen Bestimmung entgegen, die Sekretärin wird gerade von einem Weinkrampf geschüttelt, der Hausmeister packt wutentbrannt den Heizöllieferanten an der Latzhose – halt, lieber Kollege! Bleib stehen, atme tief durch. Nimm dieses Buch zur Hand und lies nach, was da zu tun ist. Nimm und lies, wie es der ehrwürdige Augustin schon getan hat. Mit gutem Erfolg, wie wir wissen.

Denn endlich gibt es das Standardwerk für den pädagogischen Alltag. Aus der Praxis für die Praxis und kein Drumherumreden. Zwar haben schon zu Unrecht vergessene wilhelminische Pädagogen wie Schray, Prank, von der Hardt u. a. wertvolle Hinweise gegeben. Doch die systematische Aufarbeitung aller Not- und Bewährungssituationen, die Aufstellung einer kompletten Typologie der am Schulleben Beteiligten liegt erst jetzt vor, mit diesem Werk. Ja, jetzt macht Unterrichten wieder Spaß!

Aber auch der interessierte Laie wird Freude an der Schrift haben. Er, der schon immer fast alles besser wußte, weiß nun einfach alles, und am Elternabend wird ihm keiner mehr Sand in die Augen streuen. Wo immer fundiertes, von keiner Erfahrung getrübtes Fachwissen gefordert ist, kann er sich zu Wort melden: mit Leserbriefen, bei Umfragen und natürlich in politischen Gremien.

Und schließlich begrüßen wir es besonders, wenn Schüler von ihrem Taschengeld das Buch erwerben. Sie erfahren, wie sie ihren geliebten Lehrern das Leben erleichtern und selbst zu brauchbaren Gliedern der Gesellschaft heranwachsen können.

Kurz, es gibt kaum eine gesellschaftliche Gruppe, die nicht von der Lektüre zu profitieren vermag, und so bleibt zu hoffen, daß das Werk bald seinen festen Platz in den Lehrerbüchereien, in den öffentlichen Bibliotheken, ja in jedem deutschen Bücherschrank finden wird.

Dank möchte ich an dieser Stelle all den verdienten Schulmännern sagen, deren Namen im Literaturverzeichnis aufgeführt sind, auch wenn sie schon längst die ewigen pädagogischen Jagdgründe durchstreifen und die himmlischen Schülerscharen vor sich hertreiben; Dank dem Verlag, der erkannt hat, was uns nottut; Dank dem Fräulein Haferbek, das wieder einmal für die neueste Ortografie und Interpunktzion gesorgt hat; und Dank, wie immer, Mikusch von Rabenfeldt, dem väterlichen Freund.

Wolfgang Brenneisen

Der Unterrichtsbeginn

Schachspieler wissen es: Auf die richtige Eröffnung kommt es an. Wer eine Partie geschickt beginnt, hat sie schon halb gewonnen. Erst recht gilt das für den Beginn einer Unterrichtsstunde. Wer da patzt, gerät leicht unter die Räder.

Natürlich meine ich nicht die Stunden in jenen harmlosen Klassen, die den Lehrenden mit Wohlwollen, einem fröhlichen Lied oder gar einem Gebet empfangen. Da unterrichtet es sich fast von alleine, und der Lehrer kann seine Unterrichtsziele auch im Halbschlaf oder in Vollnarkose erreichen.

Ganz anders stellt sich die Lage dar, wenn schon durch die geschlossene Klassenzimmertür ein mörderisches Geschrei, das Splittern von Mobiliar und das Klirren von zerbrechenden Fensterscheiben zu hören sind. Da kann es sein, daß der Lehrende beim Eintreten völlig unbemerkt bleibt. Um so entscheidender ist der richtige, der wirkungsvolle Stundenbeginn.

Selbstverständlich gibt es keinen alleinseligmachenden Weg. Jede Lehrerpersönlichkeit wird ihre eigene Methode finden. Aber noch heute können wir uns an den fünf Grundtypen orientieren, die Dr. Paul Wilhelm-Greiff, ein erfahrener Schulmann und Reserveoffizier, unterschieden hat. Gerade der Anfänger sei auf die treffliche Schrift aus dem Jahre 1901 hingewiesen: ›Die Anfangsoffensive. Handreichungen für den erfolgreichen Stundenbeginn‹, Leipzig, bei Stadler und Schmauch.

Der kleingewachsenen Lehrperson, die leicht übersehen wird, dafür aber über beachtliche Leibesfülle verfügt, empfiehlt Dr. Wilhelm-Greiff den Auftritt nach Art des Pampa-Stieres: plötzliches Aufreißen der Tür und schnaubendes Hineinpreschen. Von so viel Kraft beeindruckt, wird die Schülermeute zurückweichen und

Schutz in den Bänken suchen. Um die Wirkung zu festigen, wird die Lehrperson noch einige Male vor der Tafel hin und her stürmen und aus blutunterlaufenen Augen drohende Blicke in das Klassenzimmer schleudern.

Der hochgewachsenen, bebrillten Lehrerpersönlichkeit rät Dr. Wilhelm-Greiff, die indische Kobra zum Vorbild zu nehmen: langsames Öffnen der Tür, Hineinstrecken des schmalen Kopfes auf dem geblähten Hals und mehrmaliges giftiges Zischen. Normalerweise fühlen sich dann die Schüler wie unter einem bösen Zauber, schleichen lautlos an ihre Plätze und sind froh, die Stunde lebend zu überstehen.

Die massige, schwerfällige Lehrperson möge sich nach Elefantenart durchsetzen. Sie stampft durch die Tür, walzt balgende Schüler ungerührt mit ihrer mächtigen Körperfülle nieder und kümmert sich nicht um deren Wehgeschrei. Im Bewußtsein ihrer Nichtigkeit werden sich Verletzte wie Unverletzte aus der Bahn flüchten und sich glücklich preisen, noch so glimpflich davongekommen zu sein.

Die sportliche, aktive Lehrerpersönlichkeit wird das Känguruh nachzuahmen suchen. Sie hüpft in das Gewühl der verschlungenen Leiber, bald hierhin, bald dorthin, mit einer Rastlosigkeit, die die Schüler schwindeln läßt. Und ebenfalls in Känguruh-Manier teilt sie kräftige und schmerzhafte Boxhiebe nach links und rechts aus, bis sich im Klassenzimmer eine befriedigende Ordnung eingestellt hat.

Die alte, im Dienst verwitterte Lehrerpersönlichkeit schließlich verweist Dr. Wilhelm-Greiff auf die Lebens- und Überlebenskunst der Schildkröte. Mit gelbem, zerknittertem Gesicht wird sie sich in das Klassenzimmer schieben, unbekümmert um Worte und Gegenstände, die durch die Luft fliegen. Alles prallt wirkungslos an ihrem Panzer und ihrer Schwerhörigkeit ab. Angesichts solcher Nehmerqualitäten streckt sogar der größte Lümmel die Waffen, wenn auch oft erst gegen Ende der Stunde. Wie

11

gelähmt hocken dann die Schüler da. Das sei ein schöner Sieg von Geduld und Weisheit, meint Dr. Wilhelm-Greiff.

Trick Nr. 1
Probiere alles aus, lieber Kollege. Stürme hinein wie ein Stier, schleiche durch die Tür wie eine Schlange, trample alles nieder wie ein Elefant. Und wenn du glaubst, dich durch Nachahmung der genannten Vorbilder nicht genügend einbringen zu können, dann studiere selbst einmal ›Brehms Thierleben‹.

Die Konferenz

Die Konferenz ist einer der Höhepunkte des schulischen Lebens. In dem einförmigen pädagogischen Flachland ragt sie heraus wie ein mächtiger Berg. Die Zeit davor ist ein Vakuum und die hinterher erst recht.

Eine Konferenz braucht keinen bedeutenden Gegenstand, sie ist bedeutend in sich. Aber wenn sich das eine zum anderen gesellt, erhält das Ganze einen geradezu übernatürlichen Glanz. Da hat die Schülerschaft die Aufstellung eines Coca-Cola-Automaten auf dem Schulhof beantragt. Die Firma könnte das an einem Tag bewerkstelligen, die Schüler sind bereit, Geld auszugeben, kurz, alles scheint einfach und problemlos zu sein. Doch halt! Zwischen Vision und Verwirklichung stellt die Schulleitung eine Konferenz. Mittwoch, Beginn 14.00 Uhr. Der Zeitpunkt des Endes wird nicht angekündigt, aber alle gehen stillschweigend davon aus, daß er am selben Tag erreicht wird.

Man beginnt zügig. Knapper Rapport des Schulleiters, ein bunter Prospekt mit dem Bild der Maschine wandert von Hand zu Hand, man glaubt sich der Abstimmung und Genehmigung schon ganz nahe – da äußert G. Bedenken gesundheitlicher Art. Zwar sieht G. selbst nicht sonderlich gesund aus, seine Gesichtsfarbe spielt ins Gelbliche und die Hautfarbe um die Augen ins Bläuliche, aber was dem menschlichen Organismus bekommt, weiß er genau. Coca-Cola gehört nicht dazu. Dem Biologielehrer wäre es wurscht. Er raucht wie ein Schlot und hält Limonade für harmlos. Doch schon hat G. Anhänger gefunden, besonders bei den mütterlichen Kolleginnen.

L., als Sportlehrer gewohnt, Probleme im Husarenritt zu lösen, bekennt öffentlich, von Kindesbeinen an Coke getrunken zu haben. Er sei immer noch am Leben, spiele als Rechtsaußen im örtlichen Fußballverein und verlange unverzügliche Abstimmung.

Das löst nun helle Empörung bei M. aus. Er werde alles tun, um den vordringenden US-Wirtschaftsimperialismus aufzuhalten. Coca-Cola flösse in der Schule nur über seine Leiche.

Schüchtern meldet sich der anwesende Schülervertreter und gibt zu bedenken, daß die Schüler Durst hätten. Da kommt er aber schlecht an! D. sagt laut: Halt den Mund, du Rotznase! Dieser Schuß wiederum geht nach hinten los, denn ein paar Assessoren und andere unzuverlässige Elemente schlagen sich spontan auf die Schülerseite.

Nun sind die Mehrheitsverhältnisse völlig undurchsichtig. A., der sich als Spaßvogel versteht, ruft: Mach mal Pause! Coca-Cola! Darüber kann jetzt wirklich keiner lachen, bei einem solch ernsten Gegenstand. C., kein großer Redner und meist um Argumente verlegen, aber sich an jeder Debatte unermüdlich beteiligend, stellt die Frage, was die Eltern und die Kirche zur Installation des Automaten sagen würden. Er stellt seine Frage einfach in den Raum und schafft damit weitere Verwirrung. Manche Kollegen haben resigniert, sie stricken oder korrigieren Diktate. P. verzehrt ein Stückchen Streichkäse direkt aus dem Papier, seine Nachbarn rücken von ihm ab. Die Gladiatoren jedoch, ohne die die Konferenz ein Nichts wäre, eine Friedhofsversammlung oder ein Kaffeekränzchen, packen sich weiterhin an der Gurgel und schonen sich nicht.

22.00 Uhr. Man müsse auf das Schlafbedürfnis des anwesenden Jugendlichen Rücksicht nehmen, sagt der Schulleiter, und die Konferenz abbrechen. Der Termin ihrer Fortführung werde rechtzeitig bekanntgegeben. Böse Blicke treffen den Schülervertreter, Stühlerücken und raus.

Ja, die Konferenz ist ein großes Ereignis. Vorher ist's ein Vakuum und hinterher erst recht.

Trick Nr. 2

Um die Konferenz unbeschadet zu überstehen, empfehlen alte Konferenzhasen eine Art Totstellreflex, wie er auch im Tierreich bekannt ist, wenn Angriff oder Flucht nicht möglich sind. Sie halten die Augen offen, befinden sich innerlich aber in einem Schlaf- oder Entrückungszustand. Dennoch sind sie in der Lage, bei Abstimmungen durch Steuerung von Kleinhirnimpulsen einen Arm auszufahren, zweckmäßigerweise für die Sache der Mehrheit. Technische Einzelheiten findest du in jedem *guten* Yoga-Lehrbuch.

Die Tafel

Ich möchte die Tafel nicht gerade als Kultgegenstand bezeichnen. Aber eines ist klar: Sie erst macht einen Raum zum Klassenzimmer, sei es nun Baracke oder Kohlenkeller. Sie erst verleiht der Lehrperson die Aura des Weisen und Erhabenen.

Ihre Form hat sich gewandelt, gewiß. Mit Wehmut denken wir an die alte Drehtafel zurück, deren Bedienung Geschick und technisches Verständnis verlangte. Noch heute wird es mir warm ums Herz, wenn ich mich erinnere, wie mein Lateinlehrer, ein gefürchteter Haudegen, einen falschen Handgriff tat und sich selber – wamm! – zu Boden streckte.

Das ist heute nicht mehr möglich. Die moderne Tafel gleitet auf und nieder, ein Knock-out ist ausgeschlossen, ja man könnte sich nicht einmal an ihr erhängen. Der Daumen läßt sich zwar noch einklemmen, man kann auch mit der Brust den ausgeklappten Tafelflügel rammen oder den Kopf dagegen schlagen. Das ist schmerzhaft, aber zur vorzeitigen Pensionierung reicht das nie und nimmer.

Im Umgang mit der Tafel enthüllen sich die verschiedensten Charaktere. Der Deutschlehrer straft sie mit Verachtung. Er vertraut ganz auf das gesprochene Wort, das er wie ein Samenkorn in das Ohr des Schülers legt, von wo es wunderbarerweise in das Herz gelangt. Die Verse der großen Dichter mit Kreidestaub an die Tafel zu schmieren, käme diesem Aristokraten nie in den Sinn.

Ganz so rigoros ist der Geschichtslehrer nicht. Bedeutsames schreibt er an. So prangt vielleicht eine Stunde lang der Name ›Karl III.‹ an der Tafel, womit der zwote und der vierte Karl auf ewig in den Orkus fahren. Wer von seiner Hand angeschrieben wird, der erst hat den Ritterschlag erhalten. Ja, viele Potentaten und Regenten, die sich in den Büchern großtun, genügen ihm nicht.

Der Französischlehrer hat eine ganz andere Einstellung. In jedem Satz, den er spricht, entdeckt er etwas unerhört Wichtiges, das er sofort anschreiben muß. Mal oben, mal unten, mal kreuz, mal quer. Die Wörter bedecken die Tafelflächen wie wuchernde Schlinggewächse. Manche Vokabeln werden durch Unterstreichungen und Kästchen besonders hervorgehoben, am Ende ist das Chaos vollkommen, und die Schüler gestehen sich verwirrt ihre Unwissenheit ein.

Der Religionslehrer hingegen hat sich die alten Ägypter zum Vorbild genommen, er bedient sich einer Art Bilderschrift. Ein Dreieck mit einem Auge, ein Flußlauf, Gesetzestafeln u. a. gehen mit bestimmten Wörtern eine rätselhafte Mischung ein, deren Bedeutung sich dem nachfolgenden Lehrer nie erschließen will.

So weiß sich jeder auf seine Art auszudrücken, und die Tafel gleicht einem Zauberspiegel, in dem wir die wunderbarsten Zeichen erblicken. Ich bin sicher, lieber Kollege, daß du dich darauf verstehst, mit diesem herrlichen Instrument umzugehen. Rat wirst du nur brauchen, wenn gemeine Schülerhand die Tafel entweiht.

Was ist zu tun, wenn du beim Eintreten deinen Namen angeschrieben siehst, mit dem knappen Zusatz ›ist doof‹? Wenn du lostobst, werden die Schülergesichter vor Zufriedenheit glänzen. Wischst du den Satz ab, gestehst du deine Schwäche ein. So zeige dich souverän, halte die Stunde, als sei nichts – und widerlege mit jedem Wort die unerhörte Behauptung. Wenn am Ende der Stunde der erbärmliche Schmierfink beschämt zur Tafel schleicht und mit dem Schwamm ihr (wie auch dir) die Würde zurückgibt, dann hast du es geschafft und die Schülerherzen durch deine noble Art gewonnen.

Trick Nr. 3

Die Tafel ist die ›Braut des Lehrers‹ – manche Kollegen möchten sie zu keiner Zeit missen, auch nicht zu Hause. Sie haben sich eine preiswerte Ausgabe besorgt, wie sie in Kaufhäusern für das Kinderzimmer angeboten wird, und frönen sogar in der Freizeit ihrer Lust: dem Tafelanschrieb. Du selbst magst ein distanziertes Verhältnis zur Tafel haben, aber zum Üben, zur strategischen Planung wichtiger Stunden (s. ›Unterrichtsbesuch‹) ist die Kindertafel in deinem Arbeitszimmer unerläßlich.

Der Hausmeister

Der wichtigste Mensch in einer Schule ist der Hausmeister. Ohne ihn ist die Schule ein Nichts. Deshalb, lieber Kollege, begegne ihm mit Ehrfurcht. Du kannst es mit den Schülern verderben, den Eltern, den Kollegen, sogar mit dem Direktor und magst dennoch in die Jahre kommen, aber wage nicht, die Gunst des Hausmeisters zu verspielen. Deine Tage wären gezählt.

Es ist kein Zufall, daß diese wichtige Person nicht ›Haus-Diener‹ heißt, sondern ›Haus-Meister‹. Er ist Herr über Leben und Tod. Er kann dich zum Tod durch Erfrieren verdammen, wenn er die Heizung nicht anwirft, er kann dir das Genick brechen, wenn er bei Glatteis nicht streut.

Ich will dir eine Geschichte erzählen, und jedes Wort davon ist wahr. Vandalen waren bei Nacht ins Schulhaus eingedrungen, hatten die Wände beschmiert, die heiligen Tagebücher in den Hof geworfen und den altersschwachen Tresor im Rektorat geknackt. Sie hatten nur 16,50 DM erbeutet, das war am Tage vorher von einem Unterstufenschüler für den ›Kleinen Tierfreund‹ bezahlt worden. Eine unerfreuliche Angelegenheit, aber das Schlimmste kommt erst: Diese skrupellosen Schurken hatten aus der Milchkasse des Hausmeisters 2,43 DM gestohlen und auf die Tür seiner Loge mit Kreide ›Döskopp!‹ geschmiert.

Die Maßnahmen der Schulleitung waren laienhaft und lächerlich. Alle Schüler wurden in der großen Pause in die Aula gerufen, wo der Schulleiter seiner Empörung Luft machte. Die Täter müsse man in den Reihen der Schülerschaft suchen, er habe schon einen ganz bestimmten Verdacht, und vor schlimmer Bestrafung könne nur ein sofortiges Geständnis retten. Natürlich folgte nichts dergleichen. Es wurde gefeixt. Ein paar Schüler fingen sogar an, lauthals zu protestieren, und sprachen von Verleumdung. Der Hausmeister, ein robuster, rotbackiger Mann, verließ erbost die Halle. Aber nachts legte er sich hinter seiner Loge auf die Lauer. Zehn Nächte lang lag er da mit nichts als zwei Leberwurstbroten in der Tasche und einem dicken Knüppel in der Faust. Zehn Nächte lang nichts. In der elften aber – woher nahm er seine Ausdauer? – klirrte Glas, und drei Gestalten kletterten ins Haus.

Er läßt sie kommen, sie funzeln mit einer Taschenlampe herum, doch er ist ja in einer Nische, hat sich sogar sein Gesicht geschwärzt. Läßt sie kommen, um die Ecke biegen, und dann haut er dem ersten – rumms! – den Knüppel auf den Kopf, daß der mit einem grunzenden Geräusch zusammenklappt. Die beiden anderen ergeben sich sofort – es sind die Schüler N. und Z., dumme, gewissenlose Personen, und unten, das ist R., dieser Schubiak.

Die 2,43 DM werden ihnen sofort abverlangt, ja, sie würden alles bezahlen, um dem knüppelschwingenden Racheengel zu entkommen. Der sperrt sie in den Heizraum und tut einen langen Schlaf im Krankenzimmer, nicht ohne sich vorher ein Schnäpschen genehmigt zu haben.

Am nächsten Tag Verhör durch die Schulleitung, die ihren Verdacht auf das schönste bestätigt sieht. Aburteilung und Relegation von der Anstalt. Und der Hausmeister verkauft wieder in der großen Pause die Milch, als wäre nichts gewesen. Die Schüler sind voller Hochachtung. Ein Mann sieht rot, ein Mann geht seinen Weg. Es ist der rotbackige Hausmeister im unscheinbaren grauen Mantel.

Bedenke also, lieber Kollege, wenn du ihn so siehst und ihm nichts zutraust, wozu dieser Mann fähig ist. Der Hausmeister kann dir zur Seite stehen wie ein guter Freund. Er kann aber auch ein schlimmer Feind sein, und dann gnade dir Gott.

Trick Nr. 4

Die Gunst des Hausmeisters läßt sich allgemein durch Ehrerbietung und unermüdliches Grüßen gewinnen, wobei auf deutliche Neigung von Kopf und Oberkörper zu achten ist. Das so geschaffene freundschaftliche Verhältnis kann durch kleine Geschenke (Zigarre, Flachmann etc. – jedoch keine Blumen!) erheblich vertieft werden. Vorangegangen sein muß aber immer eine gewisse hausmeisterliche Dienstleistung wie Türaufsperren, Gewährung von Tafellappen oder Kreide, Angabe der Uhrzeit usw.

Das Tagebuch

Wenn es dann soweit ist, daß du vor deinem Schöpfer stehst wie einer deiner geringsten Schüler, wenn er strengen Blickes im Buch des Lebens prüft, welche Leistungen du erbracht hast, ob es zur Versetzung reicht, dann wird er wahrscheinlich hinter sich greifen – du bist ja Lehrer gewesen – und da siehst du die alten Schultagebücher! In ihnen blättert sich dein ganzes Leben noch einmal auf. So gibt acht, Mensch, was du hineinschreibst!

Nicht jede Lehrperson ist sich der Bedeutung des Aktes bewußt. A. erweist sich als rechter Tagebuchmuffel, wochenlang bleiben die für ihn reservierten Kästchen leer, bis ihn der Schulleiter mit mehreren Ausrufezeichen zur Pflichterfüllung treibt.

P. andererseits geht entschieden zu weit, wenn er seine Eintragungen schon im voraus tätigt. Das könnte auf eine exakte Unterrichtsplanung hinweisen, die wir aber bei P. – ausgerechnet P.! – keineswegs vermuten. Wahrscheinlich will er sich einer lästigen Pflicht entledigen und macht willkürliche Eintragungen, um völlig unbelästigt seine Stunden nach Lust und Laune zu gestalten. Hier verlangt die Schulleitung mit Recht Mäßigung.

Das sind die Extreme, aber auch in anderer Hinsicht unterscheiden sich die Charaktere. Fräulein B. ist eine äußerst penible und gewissenhafte Person, sie stopft so viele Mitteilungen in ihre Kästchen, daß die beinahe platzen. Die Schulleitung müßte eine Lupe benutzen, wollte sie alles lesen.

W. dagegen bevorzugt lapidare Aussagen. ›Einführung‹ oder ›Wiederholung‹ heißt es da schlicht, und der Himmel mag wissen, was er einführt und was er wiederholt. Wenn sich W. und Fräulein B. näherkämen, auch im Stil der Tagebucheintragungen, wäre beiden und der Schulleitung gedient. Aber es liegen Welten dazwischen.

Der Deutschlehrer weiß, was er sich schuldig ist, wahrscheinlich schreibt er mit einem Gänsekiel. Immer ist es unleserlich, aber schwungvoll und vermutlich in Hexametern oder in Knittelversen abgefaßt, je nach Art des Lehrgegenstandes. Die Eintragungen des Geschichtslehrers sind von einer schönen Verläßlichkeit: Otto II. am Dienstag, Otto III. am Donnerstag, und so geht es weiter durch die Königshäuser.

Ja, das Tagebuch ist von hoher Aussagekraft. Der eine drückt den Kuli mit roher Faust auf das Blatt, als wollte er es durchbohren, der andere huscht mit der Tinte darüber hinweg, als wagte er gar nicht, die Aufmerksamkeit des Lesers zu beanspruchen. Exzentriker schreiben mit Grün oder mit zündholzdickem Filzstift. Der Schulleitung steht ein flammendes Rot zu, da sieht es manchmal aus, als wäre ein säbelschwingender Husar durch feindliches Gelände geritten, überall Hiebe und Spuren von Blut.

Ach, lieber Kollege, ich habe dir noch nicht von Fräulein J. erzählt. Was sie einträgt, ist von zartester Poesie. Die »n« und »u« plätschern wie kleine Wellen dahin, und die i-Punkte flattern wie Schmetterlinge! Du glaubst, in einer Wüste einer kostbaren Blume zu begegnen. Sogar die Schulleitung erliegt dem Zauber dieser Zeichen und wagt sie nicht durch rüde Zusätze zu entweihen.

Natürlich ist ein solcher Stil unnachahmlich, und wärest du, lieber Kollege, so dreist, Fräulein J. nachzuäffen, würdest du dich lächerlich machen und Unwillen erregen. Finde auch hier deinen eigenen Stil. Erarbeite dir für deinen Namen ein ausdrucksvolles Kürzel, das Bildung, Entschlossenheit, Humor, Loyalität, Pflichtbewußtsein, Ordnungsliebe, Selbständigkeit und dergleichen mehr deutlich erkennen läßt. Lege am besten eine Art Schönschreibheft an, in dem du dein Wappenzeichen übst.

Trick Nr. 5

Schaue dir von allen ein bißchen ab, meide aber die Extreme, wie sie oben geschildert sind. Denke daran, daß ein guter Unterricht durch einen guten Tagebucheintrag gekrönt wird. Die Schulleitung, die nun wirklich nicht Zeuge jeder deiner Unterrichtsstunden sein kann, wird die Losung, die du im Tagebuch hinterläßt, als getreues Abbild deines Tuns deuten. Entwirf also bei deiner Stundenvorbereitung erst eine makellose Tagebuchnotiz, dann kannst du in Ruhe Kaffee trinken.

Die Kleidung

Es versteht sich von selbst, daß der Lehrer, der uns als Vorbild gilt, nichts verbergen sollte. Dennoch ist es uns lieber, wenn er bekleidet zur Schule kommt. So weit sind wir uns einig, doch schon erhebt sich die Frage: Wie soll die Kleidung beschaffen sein? In manchen Ländern streift er sich einen schwarzen Talar über. Diesem Beispiel wollen wir nicht folgen. Der Lehrer soll auch durch seine Kleidung bekunden, daß er dem Kind nahesteht. Der Anblick seiner Jacke und Hose soll den Heranwachsenden innerlich aufrichten und festigen. Und das Rauschen schwingender Röcke wird die Kräfte seiner Fantasie beflügeln.

Das hört sich in der Theorie einfacher an, als es in der Praxis ist, denn auch der Lehrer ist ein Individuum, das sich in seiner Tracht verwirklichen und mit Stoff und Leder eine Botschaft verkünden möchte.

Da machen es sich die Naturwissenschaftler leicht, sie ziehen weiße Kittel über, um sich vor Salzsäure, Gammastrahlen und Vogeleiern zu schützen – und schon haben sie die Würde von Chefärzten und Nobelpreisträgern. Der Erdkundelehrer versucht in ihrem Kielwasser mitzuschwimmen, aber das riecht schon mächtig nach Amtsanmaßung und Hochstapelei.

Andererseits habe ich den Werklehrer noch nie im blauen Anton gesehen, was ja logisch wäre. Er trägt einen aparten Russenkittel, und wenn er über den Schulhof geht, höre ich im Geiste immer den schwermütigen Gesang der Donkosaken. Ein Hauch von slawischer Melancholie umgibt den Werklehrer.

Der Sportlehrer erscheint natürlich im Trainingsanzug, bei allen Gelegenheiten, auch zur Konferenz. Kraftvoll und lautlos wie ein Panther schleicht er die Treppen hinauf, immer drei Stufen auf einmal nehmend. Die kleineren Schüler bewundern ihn und tun es ihm in der Kleidung nach, aber das sind nur armselige Imitationen.

Das Bild der restlichen Lehrerschaft ist uneinheitlich. Manche erscheinen in Tarnfarbe, sie sind kaum vom Teppichboden und den Wänden zu unterscheiden. Zum Glück verbreiten ihre abgewetzten Hosen einen flüchtigen Glanz, der die Wahrnehmung erleichtert. Jüngere Kollegen bevorzugen Bluejeans und Strickjacken aus griechischer Naturwolle, an den Füßen praktisches Schuhwerk, z. B. Gesundheitssandalen, dazu graue Wollsocken.

Einen starken Farbakzent in dieses Einerlei setzt der Deutschlehrer mit seinem roten Schal und den roten Socken, die Mädchen finden das himmlisch und schwärmen für ihn.

Aber, lieber Kollege, ich wünschte, du könntest jetzt Fräulein J. sehen, wie sie den Gang entlangtänzelt! Das ist, als bräche die strahlende Sonne in eine triste Nebelwelt. Wir drücken uns an die Wand, schnüffeln ihr Parfüm ein wie die Süchtigen und schauen der zauberhaften Erscheinung nach. Wie sie gekleidet sei? War es heute noch ein zartgeblümtes Chiffonkleidchen, kann es morgen schon ein lederner Overall über einer silberglänzenden Bluse sein. Jeden Tag trägt sie etwas anderes, immer überrascht sie uns aufs neue.

Nun wirst du fragen, wie du dich kleiden sollst.

Trick Nr. 6
Sei in deiner Kleidung bescheiden, wenigstens am Anfang deiner Laufbahn. Verzichte auf provozierende Latzhosen, Ohrringe und wallende Tücher. Suche etwas Preiswertes, Mausgraues im Sommerschlußverkauf, so daß du aussiehst wie der nette junge Mann von nebenan. So wirst du es mit niemandem verderben.

Der Abschied

Abschied nehmen ist nicht leicht. Ich meine damit nicht das Händeschütteln am Abend, wenn man sich am nächsten Morgen wiedersieht. Nein, ich meine den endgültigen, unwiderruflichen Abschied, das letzte Mal. Im Hintergrund klingt es wie schluchzende Geigen, draußen fliegt ein Rabe vorbei und krächzt: Niemals wieder!

Manche sind diesem Augenblick nicht gewachsen und brechen flennend zusammen. Andere wollen es nicht hinnehmen, suchen die Schuld bei anderen, wie der Kollege T. in V., der sich mit einem höllischen Racheakt verabschiedete. Diesen T. hatte man 35 Jahre lang im Schuldienst belassen, obwohl er nachweislich nur die Geduld der Schüler, der Kollegen, des Schulleiters und der Behörde strapazierte. Ein Lehrerfolg war beim besten Willen nicht zu erkennen, was ihm jeder bei jeder Gelegenheit unter die Nase gerieben hatte.

Endlich konnte er pensioniert werden. Und was tut dieses hinterhältige Subjekt? Es spendiert am letzten Tag Sekt und Orangensaft, mixt die Flüssigkeiten zusammen, fügt einen Spritzer von irgend etwas hinzu (›ein kleines Geheimnis‹) und serviert seine Cocktails. Arglos und wohlerzogen trinkt das Kollegium – und fällt tot um. Das kleine Geheimnis war Zyankali gewesen!

Nein, so geht es nicht. Das ist kein anständiger Abschied. Man bedenke die Schwierigkeit der Behörde, die vakanten Stellen wieder rechtzeitig zu Schuljahrsbeginn zu besetzen! Die Trennung muß man männlich und ehrenhaft auf sich nehmen. Vielleicht, lieber Kollege, trifft dich bald ein Abschied, obwohl du noch jung bist. Die Behörde hat wohlwollend mitverfolgt, wie du dich artig eingefügt hast, wie dir kleine Freund-, ja Liebschaften zugewachsen sind. Festverwurzelt bist du an deiner Schule, in dieser Stadt. Da hält es die Behörde, einem verständnisvollen Gärtner gleich, für gut, dich herauszureißen und dich, sagen wir, 150 km entfernt neu einzupflanzen.

Sei dankbar für diese Verfügung. Man will dich vor leerer Routine, vor der ewigen Wiederkehr des Gleichen bewahren, man will, daß sich alle deine Kräfte entfalten, daß nichts brachliegt. So zögere nicht, deine Dankbarkeit beim großen Abschiednehmen im Lehrerzimmer mit bewegten Worten zum Ausdruck zu bringen.

Singe einen großen Dankchoral. Widme jedem Anwesenden eine Strophe. Danke dem redseligen R. für seine aufmunternden Worte, dem brummigen I. für seinen Takt, danke Frau S. für ihre Güte, danke D. für seinen Humor etc. Dann wirst du dich getragen fühlen von einer warmen Welle des Wohlwollens, die dich sanft zur Tür hinausschwemmt in die Ferne, wo man dich nicht mehr sieht und schon gar nicht vermißt.

Trick Nr. 7
Auch für die Kunst des Dankens gilt die alte deutsche Volksweisheit: Übung macht den Meister. Übe also den großen abschließenden Dank schon vorher durch viele kleine Dankereien. Gute Gelegenheiten gibt es immer. Wenn dir etwa der Schulleiter wegen einer harmlosen Pflichtverletzung einen scharfen Anpfiff verpaßt – danke ihm von ganzem Herzen für den Hinweis. Du wirst merken, daß sich die anfängliche Strenge ein wenig mildert, und in dem Fußtritt, mit dem du zum Rektorat hinausbefördert wirst, ist schon so etwas wie Versöhnlichkeit, ja väterliche Güte zu spüren.

Die Pausenaufsicht

Wir wollen es nicht verhehlen: Die Pausenaufsicht auf dem Schulhof erscheint den Lehrern als lästige Pflicht, besonders in der kalten Jahreszeit. Da hat sich aus Heizkörpern und Schülerleibern eine wohlige, einschläfernde Wärme entwickelt, da möchte man die köstliche Erschlaffung noch mit einer Zigarette vertiefen – es hilft nichts, man muß hinaus in die Kälte, die einen trifft wie eine glattgeschliffene Axt. Die zarten Trommelfelle schrecken zurück vor dem Schreien, Pfeifen, Heulen und Kreischen, das den Schülern eine wahrhaft teuflische Lust bereitet. Der Schulhof gleicht einem brodelnden Hexenkessel, das schwappt hin und her und dreht sich und überschlägt sich. Die Welt ist ein Tollhaus, nun sieht man es deutlich und schaudert zurück.

Natürlich hat sich die Behörde etwas gedacht, als sie die Pausenaufsicht erfand. Sie weiß: Der Mensch, besonders der kleine und noch nicht ausgewachsene, lernt vom Vorbild. Sieht er also auf dem Schulhof die Lehrperson würdig, mit auf dem Rücken verschränkten Armen hin und her schreiten, wird in ihm ein Gefühl der Achtung und Ehrfurcht aufsteigen. Hier hat die uralte abendländische Kultur und Zivilisation Gestalt angenommen.

Aber was weiß die Behörde von der Wirklichkeit! Völlig unbeeindruckt wälzen sich die rohen Kreaturen im Schmutz, der eine reißt den anderen an den Haaren oder schüttet ihm Kakao in die Anorakkapuze. Abendländische Zivilisation? Pah! Wölfische Bosheit lauert in den Herzen.

Hellwach ist der Aufsichtführende nun und auf der Hut. Der Blick schärft sich, Jagdfieber kribbelt unter der Haut. Die Lehrperson schleicht an den Fahrradständern vorbei, nähert sich einem Gebüsch und taucht unvermutet wie ein strafender Engel vor einer Gruppe von Schülern auf, die

der verbotenen Lust des Zigarettenrauchens frönen. Da wirft sich die Lehrperson in Positur, ein reinigendes Gewitter tobt los, das allen Beteiligten guttut und die Herzen läutert. So hat die Aufsichtstätigkeit, in der man anfangs keinen rechten Sinn erkennen konnte, doch noch schöne Früchte getragen. Die Schüler haben etwas gelernt, für das Leben, die Lehrperson hat eindrucksvoll Autorität und Verantwortungsgefühl demonstriert, und nun rundet der Gong die kleine pädagogische Szene melodisch ab. Man trottet in das Gebäude zurück, Schluß, Vorhang zu. Die Übeltäter werden gemeldet und der Bestrafung zugeführt.

Im Winter, wenn es schneit, ist die Aufgabe natürlich erheblich schwieriger. Schneeballwerfen hat der Schulleiter über den Lautsprecher streng untersagt. Ein Auge könnte getroffen werden, es soll einen bedauerlichen Unglücksfall im Jahre 1865 gegeben haben. Lieber Kollege! Falls dich die Aufsichtspflicht an einem solchen Tag getroffen hat, suche unverzüglich einen Platz, auf dem du vor den pausenlos vorbeifliegenden Geschossen sicher bist. Ich pflege mich immer hinter dem großen Müllcontainer zu verschanzen und das Kampfgeschehen von dort zu verfolgen.

Wage dich erst wieder heraus, wenn die Kanonade mit dem Gongschlag abflaut, aber achte auch jetzt noch auf tückische Überfälle aus dem Hinterhalt. Wenn dich trotz aller Vorsicht ein nasser Batzen voll im Genick trifft, tu so, als wäre nichts geschehen, damit bringst du den feigen, hinterlistigen Schurken am ehesten um seinen Triumph.

Scholler, der große, zu Unrecht vergessene sächsische Pädagoge, empfiehlt übrigens in einer solchen Situation, die Schülerschaft zum Bau von Schneemännern zu gewinnen. Er hat die herrliche Vision eines winterlichen Skulpturengartens. Ein interessanter Gedanke, aber seine Realisierung ist mir noch nie geglückt. Ich bin immer froh gewesen, wenn ich meinen Platz hinter dem Müllcontainer erreicht hatte.

Trick Nr. 8

Opfere ein paar Nachmittage, um sorgfältig das Terrain des Pausenhofes zu studieren und um dir strategische Vor- und Nachteile jedes Fleckens einzuprägen. Bewege dich, wenn es soweit ist, mit der Unberechenbarkeit einer japanischen Springmaus. Die Kombination beider Maßnahmen sollte es dir ermöglichen, das Pensionsalter zu erreichen.

Die Hohlstunde

Unter einer ›Hohlstunde‹ stellt sich der Außenstehende vielleicht etwas gänzlich Falsches vor. Vielleicht glaubt er, man bezeichne damit eine Unterrichtsstunde, die zu keinem Lehrerfolg geführt hat, und ihn dünkt, als habe sich seine eigene Schulzeit nur aus solchen Stunden zusammengesetzt. Diese Ansicht ist völlig verkehrt. Jede Unterrichtsstunde hat ihren Sinn, mag dieser auch den Schülern und sogar dem Lehrer verborgen bleiben.

Nein, eine Hohlstunde ist etwas ganz anderes. Es ist eine Stunde zur besten Morgenzeit, in der einer Lehrkraft keine Schüler zur Verfügung stehen. Links und rechts, oben und unten wird mit Hingabe, Begeisterung und Feuer unterrichtet, nur, sagen wir, F. sitzt wie ein Aussätziger im Lehrerzimmer und weiß nicht, was tun, wohin mit sich. Zum Glück ist auch G. um diese Zeit ›hohl‹, wie es der Sprachgebrauch will, und sogar das mollige Fräulein V. Das ist nun, sollte man denken, eine interessante Konstellation, die einen skandinavischen Dramatiker oder einen französischen Filmregisseur reizen würde.

Fräulein V. scheint sich der Brisanz der Situation bewußt zu sein, jedenfalls entweicht sie stets zur fraglichen Zeit in den Chemievorbereitungsraum, um in hausfraulicher Ungestörtheit Reagenzgläser zu säubern. Sie summt dabei populäre Melodien. Fräulein V.s Fehlen im Lehrerzimmer bedeutet natürlich einen starken Substanzverlust. Andererseits müßten F. und G., sollte man annehmen, durchaus in der Lage sein, eine Unterhaltung alleine zu bestreiten, denn sie haben viel Gemeinsames: Beide Vollblutakademiker sind in erster Linie versierte Kenner des Fußball- und Automobilwesens. Die leidige Hohlstunde müßte also wie im Fluge vergehen.

Weit gefehlt! F. setzt sich mit einer Zeitung in die eine Ecke des Lehrerzimmers, und G. verschanzt sich hinter

seinem Blatt, genau in der anderen Ecke. Gesprochen
wird kein Wort. Man hört nur Papierrascheln. Es ist wie
das jüngste, radikalste Stück von Beckett: pure Ereignislosigkeit, eine Dreiviertelstunde lang. Warum aber, warum?

Nun, das ist eine komplizierte Geschichte, die man
wohl nie vollständig aufklären wird. G. hat einmal in
grauer Vorzeit F. tödlich beleidigt. Nicht direkt, nicht von
Angesicht zu Angesicht, das wäre viel zu einfach. Zwei
Schüler sollen verächtlich von F. gesprochen haben, davon habe ein dritter Schüler G. erzählt, und G. habe kei-

neswegs widersprochen, sondern in vielsagender, ja bedenklicher Weise dazu geschwiegen. So oder ähnlich war es F. zu Ohren gekommen, der nun genau wußte, was er von G. zu halten hatte, pfui Teufel!, und dementsprechend reagierte. G. seinerseits, von Natur aus streitlustig und kein Freund von Erklärungen oder gar Entschuldigungen, nahm den Fehdehandschuh bereitwillig auf. In einer Hohlstunde, zu der sie der Stundenplan zusammengezwungen hat, das Feld zu räumen, käme keinem von ihnen in den Sinn. Und so sitzen sie ein Jahr lang jede Woche zur gleichen Zeit einander gegenüber, in einem bösen, hinterhältigen Schweigen.

Lieber junger Kollege! Vielleicht weist dein Stundenplan satte neun Hohlstunden auf – beklage dich nicht darüber! Das ist beileibe keine Bosheit der oberen Stellen dem jungen Kollegen gegenüber, um ihn etwa in seinem jugendlichen Übermut zu zügeln. Man will dir damit die einmalige Gelegenheit geben, einen Einblick in das komplizierte Beziehungsgeflecht im Lehrerkollegium zu gewinnen.

Was dir auf den ersten Blick wie freundliche Gleichgültigkeit oder distanziertes Wohlwollen vorkommt, ist in Wahrheit ein hin und her wogendes Chaos von Aversionen und Sympathien, von Anziehung und Abstoßung. Überall brodeln verborgene Vulkane, und manchmal genügt eine Winzigkeit – puff! peng! wamm! bricht es los. Aber dann ist's auch wieder vorbei: Es grünt aus der Asche.

Trick Nr. 9
Setze dich in deinen Hohlstunden in das Lehrerzimmer und spitze die Ohren. Du wirst ein Gespür bekommen für die jeweilige Stimmung, du wirst lernen, das erste, zarte Knospen der neuesten Intrige wahrzunehmen und die tasten-

den Annäherungen erbitterter Feinde. So hast du die Nase immer vorne, kannst dich vielversprechenden Koalitionen zum günstigsten Zeitpunkt anschließen und sinkende Schiffe rechtzeitig verlassen.

Das Imidsch

Früher war es einfach. Um als guter Lehrer zu gelten, genügte es, die Unterrichtsstunden gewissenhaft vorzubereiten und das Interesse der Schüler zu gewinnen. Das ist heute bei weitem nicht alles, ja es ist geradezu das Unwichtigste. Viel wichtiger, lieber Kollege, ist der Eindruck, den du außerhalb des Klassenzimmers erweckst, also auf den Gängen, im Kopierraum und vor allem im Lehrerzimmer. Dein Auftreten dort solltest du sorgfältig inszenieren.

Einen guten Eindruck machst du, wenn du am Montagmorgen mit einer dicken Büchertasche und zwei berstend vollen Plastiktüten heranwankst, dich entkräftet auf deinen Stuhl fallen läßt und ein lautes Klagelied anstimmst: Diese Korrekturen! Und das am Wochenende, wenn alle freihaben! Dabei schaust du den Turn- und den Zeichenlehrer vorwurfsvoll an, die ja bekanntlich nichts korrigieren müssen.

Nach dem Inhalt der Tüten wird dich keiner fragen, so kann es auch ein Stapel alter Zeitungen sein oder ein Stoß Hefte vom vergangenen Jahr. Aber es macht sich gut, wenn du auf die bodenlose Dummheit des Schülers F. hinweist, der deine kostbare Zeit mit seinen 43 Fehlern besonders in Anspruch genommen hat.

Ein solcher Wochenanfang ist deiner Reputation, deinem Imidsch sehr förderlich. Du kannst jetzt die Plastiktüten getrost wegschließen, verzichte aber nicht auf die dicke Büchertasche. Sie beweist sichtbar, daß du deine Pflichten nicht leichtnimmst. Hüte dich andererseits vor Übertreibungen. Eine Tasche, die die Maße eines Seesacks hat, wirkt unglaubwürdig.

Natürlich kannst du auch ein ganz anderes Imidsch aufbauen, wenn du etwa nur mit einem schmalen Büchlein in den Unterricht ziehst. Damit beweist du, daß du nicht zu den ordinären pädagogischen Wasserträgern gehörst. Man vermutet bei dir einen Tatsch von Genie, besonders wenn du deinen Kollegen, ob sie es hören wollen oder nicht, immer wieder lange Vorträge hältst, in denen du deine Unterrichtsvorhaben detailliert ausbreitest, ohne nur ein einziges Mal in ein Buch zu schauen. Aber hüte dich auch hier vor Übertreibungen. Wer bloß mit einem Blatt Papier oder gar mit leeren Händen in das Klassenzimmer geht, gilt leicht als Luftikus und Windbeutel.

Für welchen der beiden Wege du dich auch entscheidest, bei der Gestaltung deines Arbeitsplatzes im Lehrerzimmer gibt es keine Wahl. Da muß es sich häufen und türmen, es muß quellen und strotzen. Was das ist, spielt keine Rolle, solange es nach Pädagogik riecht. Wirf also keinen Verlagsprospekt, kein Infopaket, keine Mitteilung der Behörde weg. Alles auf den Tisch, dazu die Lehrbücher, die Hefte, die Cassetten, die Matrizen, die Folien – wenn die Putzfrauen um deinen Platz einen großen Bogen machen, dann ist es gut.

Schließlich solltest du den Kopierraum mindestens einmal am Tag aufsuchen, aber bloß dann, wenn du damit rechnen kannst, dort Zeugen anzutreffen. Was du kopierst, ist herzlich gleichgültig – du mußt es nur wortreich begründen können: Ein altes Lehrbuch, eine Statistik aus der Zeitung, ja sogar dein Einkaufszettel, das genügt völlig.

Ach, vieles gäbe es noch zu sagen, doch wird dir, lieber Kollege, klargeworden sein, worum es geht. Du wirst ein Gespür dafür bekommen haben, wie man sein Imidsch pflegen muß, so daß es sich wie eine prächtige Blume entfaltet. Bedenke aber auch, daß es eine sehr zarte, empfindliche Pflanze ist. Ein Windstoß, ein jäher Frost, eine kleine Unachtsamkeit – schon liegt sie platt am Boden. Bedenke, daß alle deine Kollegen genauso wie du an ihrem Imidsch werkeln und daß der Ruhm des einen den des anderen verdunkelt. Für den Fall, daß widrige Umstände deinen Ruf ruinieren, orientiere dich am Beispiel deiner Altvorderen: Bereite auch weiterhin gewissenhaft deinen Unterricht vor und erhalte dir das Interesse deiner Schüler. So kannst du nicht ins Bodenlose fallen.

Trick Nr. 10

Gute Agenten- und Spionageromane geben wertvolle Hinweise, wie man als der auftritt, der man gar nicht ist. Dir wird auch eindringlich vor Augen geführt, welch fürchterliche Folgen eine Enttarnung hat! Die ständige Lektüre dieser Fachliteratur sollte dich davor bewahren, durch kleine Unaufmerksamkeiten die große Katastrophe heraufzubeschwören.

Der Erlaß

›Es begab sich aber zu der Zeit, daß ein Gebot von dem Kaiser Augustus ausging, daß alle Welt geschätzet würde‹, lesen wir bei Lukas. Eine altertümliche Sprache und ein undurchsichtiger Vorgang, aber sowie wir statt ›Gebot‹ die moderne Vokabel ›Erlaß‹ einsetzen, ist alles klar. So etwas kann sich jederzeit wiederholen. Die oberste Schulbehörde läßt per Erlaß die untergebenen Lehrpersonen ›schätzen‹, d. h. erfassen, beurteilen, numerieren und speichern.

Aber natürlich ist das nur eine Spielart des Erlasses. Welche Formen ein Erlaß annehmen kann, läßt sich niemals vorhersagen. Wie aus den Tiefen des Meeres das Netz des Fischers immer neue schreckliche Ungeheuer ans Tageslicht fördert, so gebiert auch die Behörde immer neue furchterregende Erlasse.

Der Begriff selbst ist irreführend. Es liegt im Wesen des Erlasses, daß nichts erlassen, sondern vielmehr Neues aufgebürdet wird. Wenn die Behörde tatsächlich einmal einen Erlaß zurücknimmt, besteht zur Freude kein Grund. Jetzt herrscht nur ein unsicheres Interregnum: ein fahles Höllenlicht, durch das bald die grellen Blitze neuer Erlasse fahren.

Manchmal verbreitet die Behörde geradezu Weltuntergangsstimmung. Selbstmörderisch, so scheint es, fegt sie mit einem Schlag dutzende Erlasse vom Tisch, die der Lehrerschaft bisher hoch und heilig waren. Man spürt den festen Boden unter den Füßen wanken und schleppt sich mühselig von einer Unterrichtsstunde in die nächste. Die Begründung, die die Behörde für ihre Tat gibt, will ja einleuchten. Die alten Erlasse seien unsinnig und würden den Lehrerfolg gefährden. Ja, das stimmt. Wenn man die ehrwürdigen Texte noch einmal studiert, wundert man sich, wie ein Unterrichten bisher überhaupt möglich gewesen ist, und stellt fest, daß man sich kleine Freiheiten herausgenommen hat, die die Behörde jetzt durchaus gutheißen würde, früher aber unerbittlich gerügt hätte.

Zum Glück währt dieser gesetzlose Zustand nicht lange. Von dem Vakuum geht eine heilsame Sogwirkung aus, und bald füllen sich die verwaisten Ordner wieder mit neuen Erlassen. Es ist undenkbar, daß sie dereinst das Schicksal ihrer Vorgänger teilen. Die neuen Erlasse stellen die alten immer weit in den Schatten und sind schlechthin unübertrefflich.

Meine Absicht, lieber Kollege, ist es nicht gewesen, dich zu ängstigen oder zu verwirren. Zwar trifft es zu, daß die wunderbare Welt der Erlasse einem Dschungel gleicht, in dem der Unerfahrene leicht Weg und Verstand verliert, aber mit etwas Geschick ist ein Überleben möglich.

Halte dich an das, was du jetzt noch – du bist ja jung – besitzt, nämlich deinen gesunden Menschenverstand. Gebrauche ihn wie einen Kompaß, den dir der Schöpfer in dein Hirn gepflanzt hat. Du wirst erkennen, daß manche Erlasse durchaus deiner Einsicht entgegenkommen, da hast du es leicht. Leicht ist es auch, die völlig unsinnigen Erlasse auszumachen, so etwas kann man sich gut merken und buchstabengetreu befolgen. Schwierig sind nur solche Weisungen, die absolut verständlich beginnen, aber an einer harmlosen Stelle eine Wendung ins Wahnwitzige nehmen. Sie gleichen tückischen Fußangeln in einem friedlich erscheinenden Gelände. Aber fürchte dich nicht. Ein Erlaß pflegt den anderen zu verschlingen wie ein gefräßiger Hai, und eines Tages – wupps! –, du hast es gar nicht bemerkt, ist er weg, und in deiner Ahnungslosigkeit hast du dich völlig richtig verhalten.

Natürlich warten wir auf den einen, den großen, den königlichen Erlaß, der alle anderen überflüssig macht, in den die Behörde ihre ganze Weisheit gelegt hat. Doch solange es diesen wunderbar geschliffenen Edelstein nicht gibt, müssen wir uns mit den Steinen begnügen, die uns die Behörde in den Weg legt.

Trick Nr. 11

Der Erlaß ist wie Geßlers Hut, den Tell zu grüßen hatte: Erweise ihm deine Reverenz. Gleich, ob du ihn liest oder nicht, zeichne ihn gewissenhaft ab mit deinem Namenskürzel, wo immer du ihn findest, am Schwarzen Brett, in der Erlaßmappe oder auf dem Rundschreiben. Mehr will er gar nicht von dir.

Der Kollegenausflug

Den Kollegenausflug gibt es einmal im Jahr, und das ist ein besonders festliches Ereignis. Man sieht es daran, daß die Behörde, auch wenn sich ihr Herz dabei zusammenkrampft, einfach zwei Schulstunden opfert, in denen die Schüler unbelehrt bleiben und die Lehrer hemmungslos ihrem Vergnügen frönen. Gleich nach der großen Pause geht es los. Der am Straßenrand Stehende sieht einen Bus vorbeifahren und ahnt nicht, daß sich in ihm 50 Lehrpersonen zusammengerottet haben. Schon ist das Gefährt am Horizont verschwunden.

Zwei oder drei Stunden sollte die Fahrt dauern, das gibt der Unternehmung Würde. Dann ist man am ersten großen Ziel, dem weitläufigen Restaurationsbetrieb mit Wildtiergehege. Stämmige, rotbackige Landmädchen mit weißen Häubchen und Schürzchen weisen auf die reservierten Tische – schon setzt ein gewaltiges Gerenne und Gedrängel ein, denn man möchte ja nicht neben einem Kollegen sitzen, dessen bloßer Anblick den Appetit verdirbt. So, man hat sich gefunden. Der Tisch des Schulleiters weist noch Lücken auf, also bleibt Fräulein B. und Fräulein V., die getrödelt haben, nichts anderes übrig, als dort Platz zu nehmen. Rundherum kaum verhohlene Schadenfreude und heimliches Ellbogenstoßen.

Die großen Speisekarten in Schweinsleder werden aufmerksam studiert und Rechtschreibfehler herzlich belacht. F. beweist Weltläufigkeit, indem er, ohne zu fakkeln, als esse er das alle Tage, indischen Jägerbraten mit Mandelsoße auf Mango-Chutney bestellt. K. verlangt natürlich Schnitzel mit Pommes frites und glaubt sich so vor allen bösen Überraschungen sicher. O., der eben gebaut und an seinen Hypothekenzinsen ordentlich zu kauen hat, wünscht sich den preiswerten Kinderteller. Die Bedienung lacht, daß das Häubchen zittert, und O. muß die sündhaft teure Bockwurst ordern. Dafür verzichtet er entrüstet auf jedes Getränk.

Die Stimmung ist gut. Jede Tischgemeinschaft setzt ihren Ehrgeiz darein, lauter zu lachen als die benachbarte. Die Gruppe um D. scheint sich besonders auf Lebenskunst zu verstehen, jedenfalls wird an diesem Tisch infernalisch gewiehert. Sehnsüchtig schauen Fräulein B. und Fräulein V. hinüber.

Hinterher der kleine Spaziergang an den Gehegen der Tiere vorbei. Auge in Auge mit dem schwarzen Eber, der sich gesuhlt hat, das Schwein. Fräulein J. findet das unappetitlich und strebt zu den Enten, wobei sich Q. zu ihr gesellt und ein paar galante Bemerkungen über ihre Garderobe macht.

Einsteigen in den Bus, als nächstes kulturelles Ziel lockt das berühmte Kloster. K. weiß von einem nahen Volksfest mit großartiger Bierschwemme, wirklich nicht weit weg und urgemütlich. Rasch bildet sich eine stramme Minorität, die eine Änderung der Reiseroute wünscht. Doch der Personalrat bleibt hart und wacht darüber, daß der Fahrer nicht vom Weg abkommt.

Führung durch den Kreuzgang, das Refektorium, den Kapitelsaal. Alles ziemlich fußkalt und asketisch. Man fröstelt, die gute Stimmung ist futsch. Man möchte raus, nur N. stellt eine überflüssige Frage nach der anderen, die der Bruder, über so viel verständiges Interesse erfreut, weitläufig beantwortet.

Welche Erlösung, als man wieder in den warmen Bus darf! Es geht heim. K. zaubert einen Flachmann aus der Brusttasche, der hinten im Bus kreist. Die Laune bessert sich, der Teint der Damen verfärbt sich wieder ins Rosige. Sie kichern, auch über fragwürdige Witze, mit denen sie die Herren aus der Reserve locken.

Schließlich bricht das uralte deutsche Busliedergut aus den Herzen und Kehlen. K. kann alle 21 Strophen von irgend etwas, das ungemein lustig ist und einundzwanzigmal mit einem prächtigen Chorus endet, mit dem man das volle Herz erleichtert. Die Nacht sinkt herab, der deutsche Wald gleitet schwarz und vermutlich schweigend vorbei, während K. singt und singt und die Menge respondiert.

Wieder ist es ein sehr schöner Ausflug gewesen, und ich hoffe, lieber Kollege, du hast dich gut eingefügt. Zu der verschworenen schnaps- und sangesseligen Truppe dahinten hast du wahrscheinlich noch nicht gehört, das schaffst du vielleicht später einmal. Aber ich hoffe, du hast dir, als du neben R. im Bus saßt, dessen verzweigte Lebensgeschichte mit ihren faszinierenden Höhen und Tiefen aufmerksam angehört und hast artige, kleine Zwischenfragen gestellt, die R. noch mehr durch die Labyrinthe der Zeit schweifen ließen. Hast du etwa am Tisch des Schulleiters gesessen? Hast du die wässerigen Kartoffeln mit der Gabel und nicht mit dem Messer geteilt? Und hast du das Aufstoßen mannhaft unterdrückt? Wenn du alle Fragen mit einem klaren ›Ja!‹ beantworten kannst, dann ist mir um dich nicht bange. Dann trägst du den Marschallstab im Tornister.

Trick Nr. 12
Ein Kollegenausflug ist etwas Herrliches. Nur eines übertrifft ihn noch: ein Ausflug ohne Kollegen, ganz allein. Schon am nächsten Wochenende kannst du einen solchen unternehmen und dich von allen Strapazen vortrefflich erholen.

Der Tagesanbruch

Der Tagesanbruch ist, wie der Name schon erkennen läßt, eine besonders kritische und unbefriedigende Zeit. Ein Tag mag harmonisch ausklingen, wenn alles gutgegangen ist, doch er beginnt, jedenfalls wenn er zur Arbeit ruft, immer mit einem schrillen Mißton. Das trifft wahrscheinlich auf die Mehrheit der werktätigen Bevölkerung zu, so richtig deutlich wird das Phänomen aber, wenn du in aller Herrgottsfrühe – draußen graut der Morgen vor sich hin – das Lehrerzimmer betrittst. Du glaubst, in eine geräumige, fahl beleuchtete Leichenkammer geraten zu sein, in der gelbgesichtige Mumien um den Tisch herum plaziert sind.

K. scheint am Vortag keine Zeit zur Unterrichtsvorbereitung gefunden zu haben und blättert unlustig im Lehrbuch, um gegenüber den Schülern einen kleinen Wissensvorsprung zu gewinnen. Damit kann sich L. hingegen nicht mehr abgeben, offensichtlich ist er vom Anbruch gerade dieses Tages völlig überrascht worden, mußte unrasiert und ohne Frühstück los und versucht nun, mit einer trockenen Semmel die elementarsten Bedürfnisse zu stillen. I. korrigiert mit insektenhafter, lautloser Geschäftigkeit einen Stoß Hefte, während R. nur dasitzt, wie in einem tiefen Schmerz versteinert. Frau S., sonst durchaus proper und adrett, kauert auf ihrem Stuhl und pafft wortlos eine Zigarette nach der anderen.

Versuche um Gottes willen nicht, lieber Kollege, mit einem frischen Gruß Fröhlichkeit in diesem Totenreich zu verbreiten. Vielleicht hast du dich mit ein paar Tassen Kaffee aufgeputscht und dich in eine kurzlebige leichte Euphorie versetzt. Verkneife dir jegliche freundliche Regung und bemühe dich um den allerseits üblichen sauertöpfischen Gesichtsausdruck, so wirst du dir keinen Groll zuziehen.

Wie deplaziert morgendliche Geschwätzigkeit ist, beweisen Fräulein B. und Fräulein V., die sich, kaum daß sie einander ansichtig werden, in schmerzender Lautstärke über die Vorzüge von Biokost und Naturdüngung auslassen. Fühlbar breitet sich Ärger, ja Zorn im Raum aus. Mord liegt in der Luft. Glücklicherweise ertönt in diesem Moment der Gong – auch Fräulein B. und Fräulein V. spüren die Schicksalhaftigkeit des mächtigen Klangs und verstummen.

Eine vollständige Lähmung, so etwas wie Totenstarre scheint jetzt alle zu erfassen. Man ist unfähig zu jeder Bewegung. Da öffnet sich die Tür, und es erscheint der Schulleiter, als hätten ihn die Parzen persönlich geschickt. Die Schülerschaft erwarte die Lehrkräfte, verkündet er mit kalter Stimme. Die Schülerschaft habe ein Recht darauf, belehrt zu werden. Seufzend erheben sich die Angesprochenen und trotten hinaus.

Trick Nr. 13
Der Anfang ist immer schwer, lieber Kollege. Mache es wie die anderen, verlasse dich auf das Funktionieren deiner lebenserhaltenden Reflexe. Der Schöpfer hat dich aufgezogen wie ein braves Uhrwerk. Du tust einen Schritt, dann den nächsten und wieder einen – und irgendwie ist wunderbarerweise die zweite Stunde erreicht. Der Tagesausklang hat jetzt schon spürbar begonnen.

Der Klassenausflug

Die Herkunft des Wortes ›Ausflug‹ ist umstritten. Da ich aber noch nie erlebt habe, daß eine Klasse bei dieser Gelegenheit geflogen wäre, vermute ich, daß das Kernwort in Wahrheit ›Fluch‹ ist. Ein paar pädagogische Schönfärber und Gesundbeter werden wohl die Verunklärung auf dem Gewissen haben.

Immer ist der Klassenausflug ein Fluch. Ein Segen ist nur, wenn er ein statistisch befriedigendes Ende gefunden hat, und damit meine ich: wenn die dreißig Bösewichter, die morgens in den Bus gestiegen sind, denselben abends vollzählig wieder verlassen.

In deiner Naivität, lieber Kollege, wirst du vielleicht meinen, du hättest eine Art vergnüglicher Reise vor dir. Dir wird das Vergnügen sofort vergehen, wenn der Bus losfährt und die Schüler, die doch eben vom Frühstück kommen und zum Teil zur Fettleibigkeit neigen, stracks ihre Rucksäcke und Taschen öffnen und zu fressen anfangen, als wäre das die letzte, die Henkersmahlzeit, und wenn sich im Fahrzeug ein penetranter Geruch von kalten Frikadellen, Käse und Lakritz verbreitet. Dazu gehören natürlich mörderisches Geschrei, Rockmusik und kleinere, im allgemeinen unblutige Raufereien.

Der erste Halt findet nicht, wie geplant, vor der schönen alten Barockkirche statt, sondern irgendwo in einer nichtssagenden Gegend, weil einem der Fresser schlecht geworden ist. Nun sei auf der Hut, lieber Kollege. Eigentlich ist deine Anwesenheit beim Klassenausflug völlig überflüssig, denn dieser nimmt immer einen chaotischen, unvorhersehbaren, unlenkbaren Verlauf. Aber beim Ein- und Aussteigen wird deine volle Geistesgegenwart, dein männlicher Einsatz gefordert. Es kann nämlich durchaus geschehen, daß der Busfahrer nach einer angemessenen Zeit losfährt und die Person, die sich in widerlicher Weise

übergeben hat, mutterseelenallein am Straßenrand zu-
rückbleibt. Sorge also unbedingt dafür, daß die Zahl dreißig nicht unterschritten wird.

In der Kirche wirst du natürlich sofort den Überblick
verlieren. Vielleicht bleiben dir drei Personen erhalten,
die du in das Geheimnis von Längs- und Querschiff ein-
weihen kannst, doch spätestens beim Stichwort ›Apsis‹
verlieren auch diese letzten Jünger das Interesse und ver-
krümeln sich. Während eine Zeitlang ein gewisser Lärmpegel darauf hindeutete, daß deine Schützlinge in der Nähe waren, ist es auf einmal still – nichts. Nicht dreißig Personen, sondern NULL!

Du siehst dich am Ende deiner Karriere: Disziplinar-
maßnahmen, unehrenhafte Entlassung, mehrjährige Ker-
kerhaft. Verzweifelt rennst du durch den kleinen Ort. Da

– am Fenster der einzigen Kneipe siehst du ein bekanntes Gesicht, und drinnen sind sie alle, alle dreißig, trinken Bier und rauchen wie die Schlote, trotz strengsten Verbotes. Dir fällt ein Stein vom Herzen, und du begnügst dich, auch angesichts der anderen Gäste, mit einem eher geflüsterten Donnerwetter.

Die Besichtigung einer Burg ist der nächste Programmpunkt. Von der Anlage her könnte eine Person in den Burggraben fallen und eine in den Brunnen. Im Burgverlies mit angeschlossener Folterkammer ließe sich die Verlustquote bequem auf fünf hochschrauben, und sollte dann noch jemand in den falschen Bus einsteigen (auf dem Parkplatz stehen sie dichtgedrängt), dann wären schließlich vierundzwanzig übrig. Komischerweise sind am Ende alle wieder da. An deiner Umsicht und Organisation kann das nicht gelegen haben, das war nur reiner Zufall.

Wenn dann am späten Nachmittag noch ein Schwimmbad besucht wird, stehst du kurz vor dem Zusammenbruch: die heiße Sonne, die vielen Menschenleiber und dein irrsinniger Versuch, in dem Gewimmel immer wieder auf die Zahl dreißig zu kommen. Da – der Krankenwagen fährt vor mit mark- und beinerschütterndem Tatütata. Zum Glück gilt sein Einsatz einer beleibten Dame reiferen Alters, die einen Hitzschlag erlitten hat und für die du in keiner Weise verantwortlich bist.

Wie durch ein Wunder bringst du sie alle wieder heim, alle dreißig. Schlecht ist keinem mehr geworden, dafür gab es zwei einfache und einen heftigen Fall von Nasenbluten, größere Raufereien mit Blessuren, klebrige Limonade wurde auf den Boden geschüttet, und der Busfahrer drohte, das ganze ›Pack‹, wie er sich ausdrückte, auf freiem Gelände auszusetzen. Aber sonst ist alles sehr harmonisch verlaufen.

Trick Nr. 14

Nichts ist verkehrter, als wie ein furchtsamer Hase auf zukünftige Katastrophen zu warten. Führe dich auf wie ein rechter Feuerfresser! Also entschlossen den Bus ein Stück weit fahren lassen, wenn ein paar Typen getrödelt haben, jetzt schreckensbleich winken und hinterherzurennen beginnen. Das wird Wunder wirken. Den Rest des Tages werden sich alle wie fromme Lämmer um dich scharen und nicht von dir weichen.

Der Unterrichtsbesuch

Die Einstellung der Behörde zu ihrem Fußvolk ist ambivalent, undurchsichtig, unberechenbar. Jahrelang vertraut sie dir voll und ganz. Du kannst unterrichten, wie und was du magst, immer überweist sie dir dein sattes Gehalt, legt sogar von Zeit zu Zeit noch etwas drauf – das ist doch ein Zeichen, daß man mit dir überaus zufrieden ist. Aber eines Tages steht sie vor der Klassenzimmertür, in Gestalt eines ernst, ja mißtrauisch dreinblickenden Schulrates.

Der Besuch kommt zur Unzeit. Fünf Unterrichtsstunden liegen hinter dir, und du hast deine Schüler redlich unterwiesen, eindrücklich belehrt, wenigstens teilweise interessiert und naive Gemüter sogar vorübergehend begeistert. Aber für die letzte Stunde, eine Deutschstunde, ist nichts Besonderes vorgesehen, genau genommen überhaupt nichts. Du hältst es wie der geniale Hannibal, der seinen glänzenden Sieg bei Cannae dadurch erfocht, daß er seine Kräfte an den entscheidenden Stellen massierte und das Risiko von Löchern an anderen Teilen der Front in Kauf nahm.

Diese Stunde ist ein riesiges, fürchterliches Loch. Dir hatte ein harmonischer Ausklang des Tages vorgeschwebt, mit allerlei Schülereinfällen, Anekdoten von deiner Marokko-Reise und wiederholtem Aufschlagen von Heften und Büchern. Eine längere Durchsage und ein paar sonstige Störungen – die Stunde wäre fertig gewesen wie ein luftiges, zauberhaftes Gebilde.

Mit dieser durchdachten, auf Erfahrung gegründeten Konzeption ist es jetzt nichts. Nun heißt es geistesgegenwärtig aus der Hüfte zu schießen – und auch noch zu treffen!

Zunächst versuchst du, die Schülerschaft zu Höchstleistungen anzuspornen. Herr X. möchte sich vom Wissensstand der Klasse ein Bild machen, sagst du. Die Schüler sitzen da und feixen. Sie wissen genau, daß ihnen nichts passieren kann und daß du Blut schwitzt. Um Zeit zu gewinnen, gibst du die Anweisung, die Hefte mit den Hausaufgaben vorzulegen. Da erheben die Mädchen sofort ein wüstes Geschrei: Sie hätten wegen der Sportstunden am gestrigen Nachmittag gar nichts aufgehabt. Also schaust du dir die Hefte der Jungen an. Die Hälfte hat nichts, der Rest hat irgend etwas auf das Papier geschmiert, dessen Sinn dir verborgen bleibt. An die Aufgabe kannst du dich beim besten Willen nicht erinnern, doch du gibst sie, ohne dich in Details zu verlieren, noch einmal für die nächste Stunde auf. Zweifellos angesichts der Situation eine sinnvolle pädagogische Maßnahme, aber das Gesicht der Behörde, deren Vertreter hinten sitzt, ist noch ernster und undurchdringlicher geworden.

Mit der Aktion hast du immerhin zehn Minuten gewonnen. Du bist in dem Scharmützel wenigstens nicht zu Boden gegangen, und die eigentliche Schlacht kommt ja erst noch. Ein Diktat wäre jetzt natürlich ein wunderbarer Ausweg, doch die Behörde will dich in voller Aktion erleben, in freier Wildbahn sozusagen und nicht auf sicheren Geleisen.

Mit dem Mut der Verzweiflung blätterst du rasch das Lesebuch durch, entdeckst ein einladend langes Stück, das sogar von einem Bild begleitet wird, und entschließt dich spontan für eine profunde Auseinandersetzung mit dieser Dichtung. Du hast keinen blassen Schimmer, was drinsteht. Aber man kann sich ja erst einmal an das Bild halten. Du läßt es ausführlich beschreiben und deuten, bis sich herausstellt, daß es zu dem vorhergehenden Stück gehört, was die Schüler genau gewußt haben – deswegen ist ihre Mitarbeit so bereitwillig gewesen.

Mit einer Art Todesspirale gelingt es dir, dennoch das Bild deinem Zweck dienstbar zu machen. Es werde am Ende, wenn man alles gelesen habe, auf wunderbare Weise die Dichtung ergänzen, behauptest du kühn. Also wird der Text jetzt laut vorgelesen: eine undurchsichtige Angelegenheit, irgendein vertrackter innerer Monolog von einem Typ namens Schorsch, der sich zuweilen auch Ali oder Toktok nennt. Unruhe breitet sich aus. F., dieser hinterhältige Schuft, sieht seinen Moment gekommen und stellt die freche Frage: Wozu lesen wir das überhaupt?

Kalter Schweiß tritt dir auf die Stirn. Du siehst dich schon strafversetzt in die Antarktis, unter Halbierung deiner Bezüge. Du betonst, wie sinnvoll diese Frage sei, und gibst in deiner Verzweiflung den Schwarzen Peter einfach weiter: Wer wolle sich zu der Frage äußern?

O Wunder! M., dieses Genie, das in seinen freien Stunden Thomas Mann bzw. Bernhard liest und seine Mitschüler als Illiteraten und Dummköpfe verachtet, gibt eine geraffte Inhaltsangabe und schließt mit der Bemerkung, es sei das einzig vernünftige Stück im Buch, wer es nicht begreife, sei ein hoffnungsloser Trottel. Nun entsteht eine leidenschaftliche Diskussion, zu der du auch kleine, unbedeutende Gedankensplitter beisteuern kannst. Geradezu gewaltsam mußt du die geistige Auseinandersetzung abbrechen, als sie weit über den Gongschlag hinüberbrandet.

Das Gesicht der Behörde hat sich merklich aufgehellt. Ein wenig unorthodox Ihr Ansatz, Herr Kollege, sagt sie, aber Hauptsache, Sie setzen etwas in den Köpfen in Bewegung. Guten Tag.

Trick Nr. 15
Gib der Behörde gleich zu Anfang zu verstehen, daß ein schlimmes Fieber in dir wüte (dein Kopf wird sowieso entweder totenbleich oder krebsrot sein) und dich nur dein Pflichtgefühl in die Schule getrieben habe. Wenn die Unter-

richtsstunde gut verlaufen ist, kann man mit Recht davon ausgehen, daß du im Vollbesitz deiner Kräfte Hervorragendes leistest. Wenn alles mißglückte, ist eben das Fieber schuld gewesen, man kann dir keinen Vorwurf machen und wird anerkennend feststellen, daß wenigstens keine Stunde ausgefallen ist.

Die Sekretärin

Der Uneingeweihte denkt vielleicht, in der Hierarchie der Schule stehe die Sekretärin ganz unten, knapp über den Putzfrauen. Ha! Bei der Sekretärin laufen die Fäden zusammen. Wenn sie nicht mehr will, gerät der gesamte Betrieb in eine fürchterliche Verwirrung, das System taumelt dem Kollaps entgegen. Die Schulleitung weiß zwar alles, aber nicht, wo es ist. Und was nützt die schönste Tatkraft, wenn nicht das erforderliche Formular zur Verfügung steht.

Es gab einmal eine wahrhaft verzweifelte Situation. Die Sekretärin hatte alles hingeworfen und ausgerufen: So etwas könne man mit ihr nicht machen! Was das war, wissen wir nicht. Jedenfalls hatte sie die Kündigung deutlich ausgesprochen und war fortan zu Hause geblieben. Die Schüler drängten wie immer in den Pausen in das Sekretariat und wurden gleich wieder hinausgeschickt, ohne etwas erreicht zu haben. Das Kopieren mußte eingestellt werden, weil niemand wußte, wo eine entscheidende Flüssigkeit aufbewahrt wurde. Wichtige Dokumente blieben ohne das schmerzlich vermißte Dienstsiegel wertloses Papier. Und als eine Lieferung eintraf, für die 300 Mark zu bezahlen waren, und keiner sagen konnte, warum, wofür und wie, mußte etwas geschehen.

Die Schulleitung, begleitet von ihrer Stellvertretung und dem Personalrat, alle in dunklen Anzügen, traten den schweren Gang zum Haus der Sekretärin an. Mit Hilfe von sechzig gelben Tulpen, einer großen Flasche Portwein und der hochheiligen Versicherung, sich zu bessern und DAS (was immer es war) nie wieder zu tun, gelang es, den schrecklichen Zorn der Sekretärin zu besänftigen.

Am nächsten Tag saß sie wie gewohnt in ihrem Raum. Ein Seufzer der Erleichterung ging durch die Korridore, und alle waren besonders zuvorkommend zu der Heim-

gekehrten. Sogar E., der sonst alle Frauen einfach übersieht, grüßte von weitem, eine knappe Verbeugung andeutend. Die ominöse Lieferung im Werte von 300 Mark, stellte sich heraus, war gar nicht für die Schule bestimmt, sondern ging zurück auf eine höchst private Bestellung der Sekretärin. Es waren ganz harmlose Textilien, für die die Schulleitung keineswegs geradestehen mußte, obwohl sie das in ihrer Dankbarkeit sogar getan hätte. Ach, es war alles, alles gut!

Daß einer so wichtigen Person gewisse Privilegien zustehen, daran wollte nun keiner mehr rütteln. So war es ganz in Ordnung, als eines Tages ein kleiner weißer Hase namens ›Alarich‹ im Sekretariat herumhoppelte. Den könne sie nicht einfach zu Hause lassen, beschied die Sekretärin kurz. Und alle beeilten sich, Alarich ihre Aufwartung zu machen. Keine Frage, daß dieser dank seiner mächtigen Gönnerin in der Rangfolge recht hoch steht, z. B. höher als A. oder T. und etwa auf gleicher Stufe wie Z., der die Stundenpläne erstellt.

Daß Alarich das ganze Ambiente des Sekretariats direkt oder indirekt verändert hat, ist unübersehbar. In einer Ecke steht der kleine Karton, in dem er schläft, in der anderen sein Eßschälchen, und um ihm die Illusion einer natürlichen Umgebung zu verschaffen, sind einige Quadratmeter des Fußbodens mit Kunstrasen ausgelegt und sonst etliche Grünpflanzen aufgestellt worden. Kurz, das Sekretariat hat etwas Tropisch-Irreales an sich, etwas Betäubendes, was allerdings auch von dem indischen Parfum kommen mag, das die Sekretärin reichlich verwendet. Man könnte in dieser bizarren Szenerie jederzeit eine Tragödie im Stile von Tennessee Williams erwarten.

Aber alles läuft ganz normal. Die Sekretärin bedient mit der linken Hand die Schreibmaschine, mit der rechten den Computer (über dem sich ein Philodendron wölbt) und gibt gleichzeitig einem demütig wartenden Schüler bzw. Kollegen einen positiven Bescheid – die Schulleitung hört mit Behagen diese Geräusche durch die angelehnte Verbindungstür und akzeptiert sogar, daß Alarich hereinkommt und versuchsweise ein wenig im Allerheiligsten herumhoppelt.

Trick Nr. 16
Was für das Verhalten dem Hausmeister gegenüber gilt, trifft im Prinzip auch auf die Sekretärin zu. Mit einem wesentlichen Unterschied: Die Sekretärin ist eine Dame! Folglich müssen deine Aufmerksamkeiten von delikater, ja

spiritueller Natur sein. Also nicht einfach ein paar Pralinen auf den Tisch knallen! Etwas Preiswertes, ja Kostenloses, wie etwa eine charmante Bemerkung über das großgeblümte Kattunkleid, kann genau das Richtige sein.

Die Möblierung

Daß sich die moderne Schule einerseits von der alten Klosterschule, andererseits von der Korrektionsanstalt herleitet, läßt sich an manchen ihrer Eigentümlichkeiten erkennen, z. B. an ihrer abweisenden Architektur, am deutlichsten aber an der Möblierung. Der Schüler soll nicht am Äußerlichen, Irdischen, nur Materiellen haftenbleiben, sondern seine Aufmerksamkeit einzig und allein auf das Geistige richten.

So hat es seinen guten Grund, wenn die Klassenzimmer so abstoßend wie möglich eingerichtet sind: Betonwände, Linoleumböden, kahle Fenster, der Kartenständer wie ein Galgen, die Tafel mausgrau oder grabesgrün, Tische und Stühle von unüberbietbarer Schlichtheit. So muß es sein, nur so kann der Unterricht in einem heilsamen Ernst gehalten werden.

Leider begreifen das die Schüler nicht immer. Sie schnitzen und zeichnen allerlei in das Holz und beschmieren die Wände. Es ist wie eine teuflische Besessenheit, als könnten sie die Schönheit der reinen Flächen einfach nicht ertragen. Manchmal zertrümmert einer sogar wie ein Berserker seinen Stuhl. Aber die Ordnung wird stets wiederhergestellt, und selbst nach Jahrzehnten hat ein Klassenzimmer nichts von seiner Trostlosigkeit eingebüßt.

Eine schöne Entsprechung zu diesen Verhältnissen gibt es im Rektorat. Der Schulträger, der an der Schule wirklich schwer zu tragen hat, dreht jeden Pfennig zweimal um, bevor ihn die Schule erhält. So sind die Sitzgelegenheiten aus Plastik, von einem satten Giftgrün oder schreienden Tomatenrot. In einer Ecke ein resopalbeschichtetes Tischchen auf drei Beinen, an der Wand ein Kalender von der Sparkasse. Und dann – o Wunder! – ein erlesener Perserteppich auf dem Fußboden. Doch den hat die Schulleitung aus ihrem privaten Überfluß abgezweigt, der kommt von zu Hause. Das ist eigentlich ein Verstoß gegen den asketischen Geist der Anstalt. Andererseits ist es ein Hinweis darauf, daß sich der Schulleiter im Grunde als barocken Fürsten, stolzen Potentaten und allmächtigen Sultan versteht. Insofern ist der Teppich durchaus angemessen.

Wenn du das Lehrerzimmer betrittst, wirst du über so viel Armseligkeit erschrecken. Hier sollst du es dreißig Jahre lang aushalten, ohne in Depressionen zu verfallen? Keine Bange, lieber Kollege, die Natur hat auch dich mit der wunderbaren Gabe ausgestattet, mit der Zeit stumpf und gefühllos zu werden wie der Stuhl, auf dem du sitzt. Und wenn man dich aus Altersgründen in die Pensionierung treibt, wird dir das Lehrerzimmer vorkommen wie ein Winkel des Paradieses.

Übrigens hat sich die Lehrerschaft aus eigenem Portemonnaie eine kleine Sitzgruppe spendiert. Sie befindet sich in einer Ecke des Raumes, sogar zwei kümmerliche Gummibäumchen gehören dazu. Diese Polstergarnitur hatte Frau S. als Sonderangebot in einem Räumungsverkauf entdeckt, und durch flammende Reden war es ihr gelungen, das Geld bei den Kollegen lockerzumachen. Die Erscheinung der Sitzmöbel ist ganz passabel, ihre Qualität weniger. Immer wieder sind auf ihnen Platz nehmende Kollegen schmerzhaft zu Boden gekracht, wenn ein stützendes Tuch, das zur Konstruktion gehört, die Belastung nicht mehr aushielt. So bleiben fortan die herrlichen Sessel unbehelligt. Hinauswerfen will man sie nicht, man hat ja Geld dafür bezahlt, jeder fünfzehn Mark.

Das Schönste, das Allerschönste im Schulhaus aber ist das Elternsprechzimmer. Wie der Schulträger sich dazu durchringen konnte, wird ein ewiges Geheimnis bleiben. Die Möbel in diesem Zimmer sind – altteutsch. Die Stühle aus einem Kunststoff, der unsere deutsche Eiche täuschend ähnlich nachahmt. Tannengrüne Polster mit zarten roten Streifen. Ein mächtiger Tisch wie aus Auerbachs

Keller, bestens geeignet für eine Runde Skat. An der Wand eine reizende kleine Szene von Spitzweg. Natürlich, ganz vollkommen ist das Zimmer nicht: Es fehlen etwa die Butzenscheiben, die Kuckucksuhr, und in der Ecke müßte eigentlich ein geschmeidiger Rohrstock lehnen. Aber die Eltern sind immer wie vom Donner gerührt, wenn man sie in diesen Raum führt. Ein solches Kleinod hätten sie nicht erwartet! Ja, auch mir wird hier immer ganz altteutsch zumute, und beim Teufel, ich bin froh, wenn ich wieder draußen bin.

Trick Nr. 17

Wie im Tierreich wird auch im Lehrerzimmer jeder sein Revier kennzeichnen. Der Trick mit den Duftmarken, wie er Füchsen und Wildschweinen geläufig ist, empfiehlt sich dabei weniger – weil die menschliche Nase nicht viel taugt. Aber gerade kleine Hinweise mit etwas zusätzlicher Möblierung erfüllen den Zweck. C. hat ein großkariertes Sitzkissen auf seinem Stuhl, auf O.s Tisch steht ein Regal, das er aus Holzabfällen selbst gezimmert hat, und Fräulein B. sorgt immer für ein kleines Sträußchen auf ihrem Platz . . .

Der Referendar

Jedes Jahr teilt die Behörde der Schule ein paar Referendare zu. Auftrieb, Vorstellung und erste wohlwollende Beäugung erfolgen bei der Eröffnungskonferenz zu Schuljahrsbeginn. Für die folgende Zeit hat die Behörde freie Partnerwahl erlaubt (was hat sie sich nur dabei gedacht?), das heißt, der pädagogische Lehrling sucht sich seinen Lehrherrn, dem er ein paar Wochen lang treu zu dienen gelobt.

Referendare sorgen für eine angenehme Unterbrechung des monotonen Schulalltags. Sie sind bei den Schülern wohlgelitten und bei den Lehrkräften ausgesprochen beliebt. Freilich nicht bei allen: I. etwa möchte nicht, daß ihm irgendwer in die Karten schaut. Deshalb begegnet er den Referendaren von vornherein so bärbeißig, daß sie einen großen Bogen um ihn machen, wie um den Leibhaftigen selbst. I. unterrichtet in stolzer Unabhängigkeit, sein Stil bleibt unnachahmlich, weil unbekannt.

Die meisten anderen Lehrherren jedoch sind ohne weiteres bereit, einen Referendar in ihre strategischen Planungen einzubeziehen. Wenn du einen solchen vor dir her ins Klassenzimmer schiebst und verkündest, er werde in den kommenden Wochen den Unterricht mitgestalten, breitet sich unter der Schülerschaft sofort gute Stimmung und Fröhlichkeit aus. Zwar wird der Referendar anfangs nur hinten sitzen, mit großen Augen und einem staunenden Gesichtsausdruck, während du vorne in die Trickkiste greifst und dich als begnadeten Pädagogen und Menschenführer zu erkennen gibst. Zunächst hat die Klasse noch nichts von ihrem Referendar. Aber die Schüler sehen wohlwollend zu ihm hin und ermuntern ihn in den Pausen, doch bald zu beginnen.

Ja, dann ist es soweit: die erste Stunde. Nun hast du es

dir hinten gemütlich gemacht und harrst gutgelaunt der Dinge, die da kommen. Der Referendar hat die Stunde auf elf DIN-A4-Blättern gewissenhaft vorbereitet. Dir wird sofort klar, daß das pädagogische Konzept wohldurchdacht und äußerst konsequent ist. Die Schülerschaft brennt darauf mitzuarbeiten, legt aber ihren ganzen Scharfsinn darein, unerwartete Antworten zu geben, die auf den Blättern keineswegs vorgesehen sind. Der Referendar bemüht sich, das Beste daraus zu machen und in jeder Antwort einen wunderbaren Sinn zu erkennen. Doch immer tiefer gerät er in ein schreckliches Labyrinth. Schweißtropfen stehen ihm auf der Stirn. Am Ende der Stunde ist er nicht einmal auf Seite zwei seiner Stundenplanung angekommen. Bei der anschließenden Manöverkritik lobst du den ›Einstieg‹, rätst aber, den Fortgang der Stunde künftig zu straffen.

Nun, mit der Straffung hapert es auch in den kommenden Stunden, und die Schülerschaft gerät immer wieder in Partylaune, so daß du in regelmäßigen Abständen wie ein bösartiger alter Löwe dumpf grollend die Ausgelassenheit dämpfen mußt. Aber irgendwie lernt der Referendar in der harten Schule des Lebens dazu, verleugnet mehr und mehr seinen Glauben an das Gute im Menschen und schreckt nicht davor zurück, drakonische Strafen zu verhängen, auch bei den harmlosesten Verfehlungen, so daß du schon mäßigend eingreifen mußt. Kurz, die Lage normalisiert sich, und der naive Anfänger ist auf dem besten Wege, ein verläßlicher, knochenharter Schulmann zu werden. Die Begeisterung der Schülerschaft hat sich gelegt, eigentlich wünscht sie, einen neuen Referendar vorgeworfen zu bekommen. Die Unterrichtseinheit ist jedoch noch nicht zu Ende.

Jetzt beginnt für dich die schönste Zeit. Du kannst, ja mußt den dir Anvertrauten ›in die Verantwortung entlassen‹, wie es im Jargon heißt, also ihn mutterseelenallein, ohne sekundierendes Löwengebrumm der Klasse aussetzen. Dazu eignet sich besonders die allererste Unterrichtsstunde. Du kommst also gut ausgeschlafen erst zur zweiten und machst dir ein Bild, was von deinem Knappen und Stellvertreter noch übriggeblieben ist. Nun, er hat sich achtbar gehalten, er empfängt dich stehend, wenn auch noch leicht schwankend.

Jetzt kann die Belastung behutsam gesteigert werden: eine Stunde nach der großen Pause, in der die Schülerschaft zu besonders dynamischer Mitarbeit neigt. Du trinkst derweilen deinen Kaffee, liest die Zeitung und gehst auch einmal draußen am Klassenzimmer vorbei, um dich zu vergewissern, daß in dem Höllenspektakel, das drinnen tobt, die Stimme des Referendars noch zu hören ist.

Hat er auch diese Probe bestanden, kommt der Höhepunkt, der Ritterschlag: die sechste Stunde. Während du zu Hause schon an einem Hühnerbeinchen nagst, steht er sozusagen in der zwölften, der entscheidenden Runde. Ob es zu einem Punktsieg, und sei er auch noch so dünn, reicht? Oder ob die Ausbildung wieder von vorne beginnen muß?

Am nächsten Morgen dann: Er hat es geschafft! Zwar sichtlich gezeichnet, bleich und zerknittert, aber so etwas wie Stolz blitzt in seinen rotgeränderten Augen. Alle Achtung! Jetzt kann er nichts mehr von dir lernen, und er zieht mit einem herrlichen Selbstbewußtsein zu seinem nächsten Lehrherrn.

Trick Nr. 18

Fast immer gibt es ein fürchterliches Gerangel um die paar Referendare. Jeder will einen haben, das ist doch klar. Deswegen solltest du sofort zugreifen, dem wertvollen Menschen, der in deinen Fächern unterrichtet, eine deiner Klassen in glühenden Farben schildern und ihn für Wochen oder gar Monate zu gewinnen suchen.

Die Energiezufuhr

Es gibt Zeiten am Vormittag, da wird nicht nur der Geist, sondern auch das Fleisch schwach, und an ein Unterrichten ist nicht mehr zu denken. Man möchte am liebsten nur auf seinem Stuhl sitzen und die Stunden friedlich verstreichen lassen. Das aber ist nicht im Sinne der Behörde. Sie erwartet, daß du permanent Höchstleistungen erbringst.

Jeder hat da seine Methode, mit der er sich aufputscht. Für den Beobachter sind diese Einblicke lehrreich, doch manchmal auch erschreckend. Fräulein J. zum Beispiel schwört auf die Kraft der Apfelsine. Diese feengleiche Person schlägt ihre Fingernägel in die wehrlose Frucht, reißt die Schale in Fetzen ab und zieht einen mächtigen Brocken aus dem Innern, den sie ungeteilt zwischen ihre blutrot geschminkten Lippen schiebt. Da kommt das Raubtierhafte an Fräulein J. so recht zum Ausdruck, das wir sonst leicht übersehen.

G. stellt sich eine Art Katzenschälchen auf den Tisch, schüttet aus diversen Tüten Körner, Nüsse und allerlei Grus hinein, manscht eine Banane dazu, übergießt das Ganze mit Milch und löffelt es in sich hinein. Hinterher platzt er schier vor Energie und kann sich nur mit Mühe daran hindern, die Schüler ununterbrochen zu ohrfeigen.

E. dagegen gibt sich als Ästhet zu erkennen, jedenfalls anfangs. Er legt einen blankpolierten grünen Apfel auf seinen Platz. Irgendwann, meist nach der zweiten Stunde, fehlt ein Stückchen, als hätte eine Maus daran geknabbert. Man kann deutlich sehen, daß E.s Vorderzähne etwas schief zueinander stehen, eine Tatsache, die sonst sein Schnauzer verdeckt. Mit den Stunden wird der Apfel kleiner und kleiner, nimmt höchst merkwürdige skulpturale Formen an, und schließlich ist er weg. Dann kann man davon ausgehen, daß auch E. nicht mehr im Hause

ist, denn zwischen der Verflüchtigung des Apfels und der E.s besteht ein geheimnisvoller Zusammenhang.

Das sind so Einzelaktionen, aber wie im Tierreich gibt es auch im Lehrerzimmer die gemeinsame Tränke, und hier wie dort ist das physisch Notwendige zugleich ein soziales Ereignis. Ich meine den Kaffee in der großen Pause. Nach dem erlösenden Gongschlag strömt es zur Tür herein, schnatternd, piepsend, gurrend, brummend – noch vor dem ersten Schluck breitet sich gute Laune aus, Mitteilungsbedürfnis und Lärmpegel steigen von Sekunde zu Sekunde. Leider gibt es auch Mißtöne. Wenn etwa D. als letzter kommt und ihm ein Unbefugter den schon bezahlten Kaffee weggesoffen hat. Aber insgesamt ist die

Stimmung positiv, auch die Schüler der oberen Klassen haben sich mit einer ›Tass Kaff‹, wie sie über ihren Ausschank geschrieben haben, stimuliert, so daß die Stunde hinterher im lockeren Gespräch vorübergeht, wobei dem Lehrgegenstand keine größere Bedeutung zugemessen wird.

Das sind so die normalen Formen der Energiezufuhr, die offensichtlichen. Doch gibt es auch Kollegen, die heimlichen Lastern frönen. Ich meine da nicht O., der sich als Bausparer nur von schwarzen Bananen und allerlei Gemüseabfall ernährt. Man sieht hier deutlich, daß das Bausparen nicht ein Laster, sondern ein Fluch ist. Nein, ich denke jetzt an A., der irgendwann am Vormittag zu seinem Spind geht, die Tür so öffnet, daß niemand das Entscheidende sehen kann, und sich mit zurückgelegtem Kopf mit etwas stärkt. Wir wissen nicht, was das ist, aber es tut A. sichtlich gut. Sein Kopf bekommt eine freundliche rote Färbung, und in dieser Verfassung ist A. gut zu leiden, nachsichtig, von versöhnlicher Gemütsart, die aber nach einiger Zeit jäh in Übellaunigkeit umschlägt. Dann sieht man A. wieder zu seinem Spind gehen.

Schließlich muß ich von Fräulein V. und Fräulein B. sprechen. Sie sind dem Laster der süßen Sahnetörtchen verfallen. Irgendwann in einer Hohlstunde kommst du ins Lehrerzimmer und mußt sehen, wie sie heimlich in einer Ecke ihrer Sucht nachgeben – direkt aus dem Papier und mit verstohlenen Seitenblicken. Sie sind dann peinlich überrascht, denn die Tat duldet eigentlich keine Mitwisserschaft, besonders bei Fräulein B., die ins Mollige gerät. Man tut so, als hätte man nichts gesehen, und studiert die letzte Dienstanweisung. Aber im Geiste sieht man, wie sich die Damen peu à peu in schrecklich aufgedunsene Ungeheuer verwandeln.

Trick Nr. 19

Abgesehen von diesen Auswüchsen ist es eigentlich egal, womit und wie du dein Leistungsniveau hältst. Allerdings solltest du nicht dauernd etwas kauen und mümmeln – die Schülerschaft würde das sofort nachahmen, und ein etwaiger Besucher deines Unterrichts käme sich vor wie im Hasenstall.

Die Liebschaft

Überall, wo man hinschaut, gibt es zweierlei Sorten von Menschen: Frauen und Männer oder, in anderer Perspektive, Fräulein und Männlein. Ausnahmen bilden nur Strafanstalten und Schulen, und selbst bei den letzteren ist der Strafvollzug gemildert worden: Man spricht von Koedukation.

Diese erleichtert einerseits deine Aufgabe – der Grobianismus der Jungen und das Intrigenspiel der Mädchen halten sich ungefähr die Waage –, andererseits tauchen neue Probleme auf. Du glaubst vielleicht, bei den ganz kleinen Männlein und Fräulein, die eben in die Anstalt eingetreten sind, gebe es das Glück und Elend noch nicht, das die Begegnung der Geschlechter ansonsten verursacht. Weit gefehlt.

Du siehst zum Beispiel ein Zettelchen heimlich von einer Bank zur anderen wandern. Unaufmerksamkeit, sagst du dir, wahrscheinlich Unfug, der unterbunden werden muß. So konfizierst du trotz Wehgeschreis und heftigen Sträubens den Wisch und liest folgende Mitteilung: »Gabriele! Mit uns ist es aus, du dumme Sau. – Dein Peter.«

Im Innern verwünschst du deine vorschnelle Tat. Du hast eine zarte kleine Romanze an einem entscheidenden Punkt unterbrochen. Denn wer weiß, vielleicht hätte sich noch alles eingerenkt. Jetzt ist es endgültig aus und vorbei. Du hast eine scheue, tastende Beziehung an das grausame Licht der Öffentlichkeit gezerrt.

So richtig und heilsam es zu Zeiten sein mag, mit der Faust auf den Tisch zu hauen und für einen geordneten Gang der Dinge zu sorgen, manchmal ist es angebracht, auf Zehenspitzen zu gehen und die harmlosen Liebschaften in der Schülerschaft wachsen, blühen und verwelken zu lassen. Natürlich ist es von Jahr zu Jahr anders.

Manchmal geht es richtig puritanisch zu. Dann hocken die Jungen hinter ihren Computern, und die Mädchen sind so mit Garderobenfragen beschäftigt, daß sie die Kerle überhaupt nicht wahrnehmen.

Und dann bricht es plötzlich aus wie eine Epidemie. In der großen Pause sinken sich am Treppenaufgang die Paare in die Arme, als lägen Jahre der bittersten Trennung hinter ihnen. T. hält das für eine Sauerei, aber Frau S. weist darauf hin, ›daß wir auch mal Menschen waren‹, was allerdings bei T. nicht so sicher ist. Die Schulleitung will das Problem einfach aussitzen und schirmt sich zumindest optisch im Rektorat ab. Tatsächlich – eines Tages ist der Spuk wieder verflogen, und die Schüler latschen aneinander vorbei, als wären sie aus Holz.

Nun, diese Liebschaften erschüttern die Schulordnung keineswegs. Anders ist es, wenn der Pfeil Amors einer Lehrkraft ins Kreuz fährt und sich der Mann zu einer Schülerin hingezogen fühlt. Da kann ich nur sagen: Vorsicht! Oder mit C.s Worten: Abwarten und Tee trinken. C. muß es wissen, denn er hat die Entwicklung einer gewissen Schülerin in charakterlicher und sonstiger Hinsicht wohlgefällig mitverfolgt. Nach neun Jahren geduldigen Abwartens hat er ihr mit der Linken das Abschlußzeugnis, mit der Rechten einen Strauß Rosen überreicht und der völlig verdatterten Person einen Heiratsantrag gemacht. Jetzt ist C. fein raus. Er hat jemanden, der ihm die Mahlzeiten bereitet, die Wohnung sauberhält und aus alter Gewohnheit zu ihm aufschaut. Wir bewundern C.s Umsicht, Ausdauer und Charakterstärke. Gegen eine solche Liebschaft kann nicht einmal die Behörde etwas einwenden.

Der stärkste Tobak aber ist die Liebschaft zwischen Lehrkräften. Jahrelang sind U. und Fräulein H. nebeneinander im Lehrerzimmer gesessen. Jeder dachte, daß sie sich aus tiefstem Herzen verabscheuen. Eines Tages jedoch grüßten sie, laut Anzeige am Schwarzen Brett, als Vermählte! Für den Außenstehenden hat sich nichts geändert, die beiden sehen sich auch jetzt kaum an, reden nur das Notwendigste miteinander, und das eher in barschem Ton. Aber sie sind nun in einer viel günstigeren Steuerklasse, und deswegen muß man eine solche Liebschaft als geradezu ideal bezeichnen.

Trick Nr. 20

Wenn dich die Liebe überfällt, gibt es kein Entrinnen und schon gar keine Tricks. Du kannst nur die Sache etwas mildern und den Argwohn der Behörde ein wenig beschwichtigen. Halte also in deiner Liebschaft unbedingt den Dienstweg ein und versuche, die Rechtmäßigkeit des Vorgangs aktenmäßig zu belegen.

Das Sprachlabor

Die Meinungen über das Sprachlabor sind geteilt. E. ist der Ansicht, es reiche aus, regelmäßig in der Öffentlichkeit auf seine Existenz hinzuweisen, das genüge für die Reputation der Schule voll und ganz. Man gelte dann als hochmodernes Bildungsinstitut. Die Naturwissenschaftler halten das ›Labor‹ für reine Hochstapelei und tippen sich an die Stirn, wenn sie vorübergehen. Unter den Sprachlehrern gibt es, was die Labortätigkeit angeht, reine Abstinenzler, Gelegenheits- und Triebtäter. Die letzteren schleppen ihre Klassen immer wieder wie die Süchtigen in den fensterlosen Raum.

Das Tollste hat sich der Lateinlehrer vor Jahren geleistet, als das Labor eben eingerichtet worden war und man einen Belegplan aufgehängt hatte. Er war als erster gekommen, hatte für vier Wochen alles belegt, was möglich war, und mit Kreide LABORATORIUM LINGUAE LATINAE an die Tür geschrieben. Für die anderen blieben nur noch ein paar kümmerliche Randstunden übrig. Es hatte viel böses Blut deswegen gegeben. Wie im Sprachlabor Latein gelernt wurde, mag der Teufel wissen, jedenfalls war es, HORRIBILE DICTU, mit großem Lärm (CLAMOR MAXIMUS) verbunden. Nach drei Tagen jedoch hatte der Lateinlehrer wieder das Feld geräumt, verächtlich von modischem Firlefanz gesprochen und sich nie wieder darum gekümmert.

Nun, lieber Kollege, das Labor ist da, die Bänder sind da, das Lehrbuch sieht Übungen im ›Language Lab‹ vor, die Schülerschaft besteht auf ihrem widernatürlichen Wunsch, diese Übungen am vorgesehenen Ort zu absolvieren – dann mußt du eben von Zeit zu Zeit dorthin, auch wenn es dir noch so graut.

Die Technik der Anlage ist für dich ein großes Geheimnis. Zwar könnte man erfahrene Kollegen um Auskunft bitten, aber diese sind kurz angebunden und sibyllinisch in ihren Erklärungen. Was man gut verstehen kann, denn ihre Kenntnisse und Fähigkeiten haben sie sich unter großen persönlichen Opfern angeeignet (auch schmerzhafte Stromschläge soll es gegeben haben), und sie wollen nicht, daß du dich einfach in das gemachte Bett legst. Es hat sich so etwas wie ein geheimer Zirkel von Eingeweihten gebildet, von Hohenpriestern in der Kunst des Laborierens, und du nichtswürdiger Wurm gehörst nicht dazu.

Natürlich gibt es da die Gebrauchsanweisung, die jedoch nur eine Person je begriffen hat, nämlich der Verfasser und auch bloß im Moment der Niederschrift. Aber die Schüler beruhigen dich: Sie wüßten ja, wie alles funktioniert, und es sei einfach ein Kinderspiel.

Trotzdem setzt du dich mit einer bösen Ahnung an dein Cockpit. Vor dir ein großes Gerenne und verwirrende Geschäftigkeit. Die Schülerschaft holt Bänder aus den Schränken, stöpselt allerlei zusammen, dreht an Knöpfen – du hockst da wie ein Aussätziger. Dem allgemeinen Brauch folgend, setzt du dir Kopfhörer auf, mit denen du dich nach der Idee des Erfinders zu jedem Schüler zuschalten kannst – alles, was du hörst, ist ein undefinierbares Rauschen.

Natürlich kann man sich als Aufsichtsführender keine Blöße geben, also betätigst du ganz professionell diverse Schalter. Ein widerlicher Pfeifton sticht plötzlich in deine Trommelfelle, und du reißt in panischer Angst die Hörer vom Kopf. Der semmelblonde F. vor dir schaut freundlich her und nickt, wieder und wieder. Auch sonst viel Freundlichkeit und Nicken. Andererseits verdächtige Ruhe. Irgendwie hast du die deutliche Empfindung, daß du die Situation noch nicht richtig ›gecheckt‹ hast, wie es auf neuhochdeutsch heißt.

So versuchst du, dem Geheimnis elektrisch und vermutlich elektronisch (wo verdammt noch mal liegt da der Unterschied?) auf die Spur zu kommen. Du erinnerst dich

– ein Schatz aus deiner eigenen Schulzeit – an die berühmten Köhlerschen Affenversuche und bemühst dich, als intelligentes Wesen nicht hinter dem Schimpansen zurückzubleiben. Also Kopfhörer wieder auf die Ohren, vorsichtig drehen, schalten, herumfummeln – und tatsächlich, du hast plötzlich Kontakt mit Platz Nr. 4!

Das ist F. Nun wird dir vieles klar. Der Halunke hat ein völlig fachfremdes Band eingelegt und hört schräge Musik! Da du jetzt den Dreh raus hast, kannst du dich auch bei den anderen einschalten: überall die letzte Hitparade, Metal Rock, Reggae, DIRE STRAITS – es klingt wie im Tollhaus! Das Sprachlabor ist in hinterhältiger Weise zu einer Stätte seichten Vergnügens umfunktioniert worden.

Trick Nr. 21
Dank seiner Konstruktion mit sichtbehindernden Kabinenwänden eignet sich das Sprachlabor hervorragend für schriftliche Leistungskontrollen und Klassenarbeiten. Wenn du es ein paarmal für diesen Zweck genützt hast, werden sich bei der Schülerschaft Lust- und Unlustempfindungen die Waage halten, und der Drang dorthin wird sich normalisieren.

Die Klassenarbeit

Zweifellos würde die Schulzeit in völliger Ereignislosigkeit dahinplätschern, hätte nicht ein Genie in grauer pädagogischer Vergangenheit die Klassenarbeit erfunden. Der Pulsschlag der Schülerschaft mag während des üblichen Unterrichts von reptilhafter Langsamkeit sein – wenn aber die Tür aufgeht, der Lehrer einen Stoß Hefte auf das Pult knallt und mit tückischem Blick verkündet: »Klassenarbeit!«, dann sind alle hellwach.

Selbstverständlich ist die Ermittlung des Wissensstandes das Unwichtigste an der Sache. Die Klassenarbeit ist vielmehr ein erregendes Kräftemessen, ein hochdramatischer Kampf ganz unterschiedlicher Intelligenzen. Die Schüler wissen nichts, sind faul, desinteressiert und abstoßend dumm, aber jetzt setzen sie ihre ganze Schlauheit darein, zu befriedigenden, ja glänzenden Ergebnissen zu kommen. Natürlich gelingt das nur mit Manipulieren, Abschreiben, Schummeln, also schlicht: Bescheißen.

Von den Fächern, in denen keine Klassenarbeiten möglich sind, soll hier nicht die Rede sein. Sie kann der Schüler begreiflicherweise überhaupt nicht ernst nehmen. Auch in der Deutschklassenarbeit macht das Abschreiben keinen rechten Spaß, denn wer hätte je im Aufsatz seines Sitznachbarn etwas Abschreibenswertes gefunden? Der Religionslehrer ist der Ansicht, daß der obersten Schulbehörde, und damit meint er wirklich die alleroberste, nichts entgeht. Er wandelt also gütig (und vermutlich heimlich segnend) durch die Reihen – konsequenterweise gibt es nur Einsen und Zweien.

Das ist nichts Halbes, nichts Ganzes. Nein, interessant ist die Klassenarbeit nur in den ›harten Fächern‹, wo der Schüler mit Geschick und Umsicht groß herauskommt oder bei Versagen als elender Schurke entlarvt wird. Die Fronten sind also klar. Gekämpft wird mit Haken und

Ösen. P. pflegt wie ein gutmütiges Rindvieh durch die Bankreihen zu latschen – um sich dann jäh umzudrehen und ein abscheuliches Verbrechen aufzudecken. Eine wirksame, aber auch waghalsige Methode, da er sich einmal bei einer rasanten Bewegung den Knöchel verstauchte und für vier Wochen eingegipst werden mußte.

Der Physiklehrer hat an strategisch bedeutsamen Stellen Spiegel aufgestellt und verschafft sich so, dank seiner überlegenen Kenntnisse auf dem Gebiet der Optik, einen Vorteil. T. holt sich immer für die Klassenarbeit ein Paar Schuhe mit Kreppsohlen aus seinem Spind und schleicht umher wie ein schrecklicher Blutsauger, während sich C. ganz auf die Instinktsicherheit seiner Hände verläßt: Das eine Mal grapscht er in ein Schreibmäppchen, das andere Mal in eine Büchertasche, und fast immer wird er fündig. Seit er aber eines Tages unter der Bank in ein vergammeltes Mayonnaise-Brötchen gegriffen hat, will er seinen Händen nicht mehr so recht trauen.

Ach, es ist sowieso alles vergebens. Was da an Betrugsmanövern entdeckt wird, das ist nur die Spitze des Eisbergs. An Gerissenheit sind die Schüler dem Lehrer haushoch überlegen. Und, lieber Kollege, wenn du ehrlich bist: Hast du es in deiner Jugend nicht genauso schamlos getrieben? Oder hast du dich gar in dein hohes Amt geschummelt, dank früh erworbener Fertigkeiten?

Doch jetzt stehst du natürlich auf der anderen Seite, jetzt bist du die Anständigkeit und Ehrbarkeit in Person.

Trick Nr. 22
Stürze dich mit lautem Gebrüll mitten in der Klassenarbeit auf eine beliebige schreibende Person und fordere ein sofortiges Geständnis – in 99 % der Fälle wirst du es erhalten und die anderen Schüler in ihren Betrugsabsichten entscheidend lähmen.

Die Filmvorführung

Filmstunden sind bei Schülern und Lehrern gleichermaßen beliebt. Alle Parteien können sich zurücklehnen und
entspannen. Man lernt und lehrt beinahe wie im Schlaf.
Manche Kollegen vertrauen so sehr auf die Kraft des bewegten Bildes, daß sie kaum noch zu konventionellem
Unterrichten kommen, ein Film jagt den nächsten, und
die Schüler fühlen sich wie in einem ewigen Disney-
Land.

I. dagegen zeigt nie einen Film. Er hält den Kinemato-
graphen für eine Erfindung des Teufels, die er nicht bil-
ligt und schon gar nicht begreift. Der Deutschlehrer zeigt
a·.s Prinzip keine Filme mehr. Er mußte erleben, wie während des schönen Faust-Filmes an den lustigsten Stellen
laut gegähnt, dagegen ausgerechnet bei der Gretchenfra-
ge viehisch gelacht wurde. Er werde keine Perlen mehr
vor die Säue werfen, soll er gesagt haben.

Ganz so streng brauchst du es nicht zu halten, lieber
Kollege. Vielleicht hast du dich am Vortag so intensiv, ja
fanatisch auf eine Unterrichtsstunde vorbereitet, daß für
die folgende beim besten Willen keine Zeit mehr geblieben ist. Da steht dir der Filmapparat zur Seite wie ein treu-
er Freund, er übernimmt die Stunde für dich, von der ersten bis zur letzten Minute.

Aber natürlich ergeben sich mit der Filmvorführung
auch Probleme. In der Dunkelheit fühlt sich die Schülerschaft unter einer anderen Gesetzbarkeit, genau genommen unter gar keiner. Die einen unterhalten sich im
Schutz der vielfältigen Geräusche über Fußball, Weiber
und Mofas. Andere vergnügen sich mit einfachen Bewe-
gungsspielen: Sie ziehen einander an den Haaren, kitzeln
Nebensitzer an empfindlichen Stellen oder drehen an
Ohrmuscheln. Natürlich lädt die Dunkelheit auch zum
Verstecken ein. Schultaschen, Jacken, sogar Schuhe wer-

den plötzlich unter lautem Geschrei als vermißt gemeldet. Kurz, der Lernerfolg ist gefährdet. Wenn der Lehrer nach Abspielen des Films nach dessen Inhalt fragt, wissen die Schüler oft nur noch, daß das Ganze bunt war und irgendwie von Kühen handelte. So geht es nun wirklich nicht! Wie aber kann die Filmvorführung zu einem pädagogisch sinnvollen Unternehmen werden?

Trick Nr. 23
Stecke eine leistungsstarke Stablampe ein und richte unversehens einen mörderischen Strahl auf einen Unruheherd. Was man da zu sehen bekommt, wird meist unglaublich sein – du wirst die Lacher auf deiner Seite haben und dank deiner unkonventionellen Methoden mächtig an Sympathien gewinnen. Auf den Film kommt es dann nicht so an.

Die Projekttage

Früher kannte man eine klare Unterscheidung: Entweder wurde unterrichtet – oder die Zeit totgeschlagen. Heutzutage gibt es eine interessante Zwischenzone, die weder dem einen noch dem anderen zuzuordnen ist. Man nennt sie ›Projektunterricht‹. Dieser wird nach den Zeugniskonventen, aber vor den Ferien verabreicht. Alles ist gelaufen, die Schüler kennen ihre Noten, die Lehrer können mit diesen nicht mehr drohen, die Durchgefallenen strecken die ersten Fühler zu ihren neuen Klassen aus – eigentlich könnten alle schon an der Adria sein und sich in der Sonne aalen. Aber die Behörde hat Durchhalteparolen ausgegeben. Also behilft man sich mit den ›Projekttagen‹, die an die Stelle der normalen Lehrveranstaltungen treten.

Jeder Schüler entscheidet sich für eine von mehreren Gruppen, in denen unterschiedliche Beschäftigungstherapien praktiziert werden. Eine Gruppe z. B. nimmt es auf sich, das von den restlichen Gruppen Vollbrachte zu dokumentieren und es in einer ›Projektzeitung‹ darzustellen. Andere sind mit Fotoapparaten unterwegs und wollen die Ereignisse in Bildern festhalten, die an Stellwänden in der Aula angebracht werden sollen. Eine dritte Gruppe benutzt für ihre Dokumentation Tonbandgeräte und Mikrophone und ist bereit, alles und jeden akustisch zu verewigen.

Aber es ist klar, daß diese Projekte nur möglich sind, wenn wenigstens ein viertes existiert, das sich in der Dokumentation spiegeln läßt. Da ist A.s Projektvorschlag, man könne doch das Projektwahlverhalten der Schüler wissenschaftlich untersuchen, noch nicht der richtige Ansatz. Alles ist jetzt in der Schwebe. Glücklicherweise bricht Fräulein B. den Bann und verkündet, sie biete das Projekt ›English kitchen‹ an. Darunter kann sich zunächst keiner etwas vorstellen, denn laut Wörterbuch ist ›kitchen‹ der Küchenraum. Da man jedoch schon davon gehört hat, daß die Kücheneinrichtung in englischen Arbeiterhaushalten sehr schlicht, ja spartanisch sein soll, verstehen schließlich viele darunter einen Kurs, in dem einfache Küchenmöbel, eine Sitzbank oder ein Servierbrett, hergestellt werden. Man denkt also an eine Art ›Schreinern für Anfänger‹. Donnerwetter, das hätte man Fräulein B. gar nicht zugetraut!

So aber hat sie es keineswegs gemeint. Sie versteht unter ›English kitchen‹ die hohe Kochkunst der Engländer. Nachdem dieses kleine Mißverständnis ausgeräumt ist, gibt es kein Halten mehr. Kochen, also fressen – und das drei Tage lang! Die Schülerschaft entscheidet sich geschlossen für Fräulein B.s Projekt. Die Dokumentationen sollen allenfalls so nebenbei, zwischen zwei Happen erstellt werden.

Eine solch einseitige Gewichtung ist jedoch nicht im Sinne der Schulleitung. Sie appelliert an das Kollegium, sich weitere Projekte auszudenken. K. zeigt sich erbötig, das Fressen durch Saufen zu ergänzen. Im Club Méditerranée habe er das Mixen von exotischen Getränken aus dem Effeff erlernt, diese Kunst könne er weitervermitteln. Aber da die Schulleitung nur Karottensaft und ähnliches zulassen will, zieht K. sein Angebot wieder zurück.

Doch nun rührt sich ritterlicher Geist bei den Herren. Sie wollen nicht, daß Fräulein B. in ihrer ›kitchen‹ von einer gefräßigen Schülerschaft verbraten wird. Und die Projektangebote purzeln nur so durcheinander. Der Deutschlehrer erinnert sich, daß er das schöne Fasnachtsspiel ›Der fahrende Schüler im Paradeis‹ bei ähnlichen Gelegenheiten erst dreimal einstudiert hat, daß also beileibe nicht alle Schüler in den Genuß dieser paradiesischen Erfahrung gelangt sind. P. ist bereit, mit rot-weißen Meßlatten ins Grüne zu ziehen und zu vermessen, was man auch vorfindet. C. weiß, daß der Bauer, bei dem er seine frischen Eier holt, immer Arbeitskräfte gebrauchen kann, und will ihm solche in Gestalt seiner Projektschüler zuführen. Zum Ausgleich dürfe man auch Kälbchen und Karnickel streicheln, dem Pferd Zucker geben und unter Umständen sogar Traktor fahren. Ein faires Angebot. Und so geht es weiter, die Schülerschaft gerät in große Gewissensnot, wie sie sich entscheiden soll. Aber schließlich findet jeder das Passende.

Die drei Tage vergehen wie im Fluge. Die Sonne scheint, daß es eine Pracht ist. Die einen ziehen singend in den Wald, wo sie sich mit Tieren, Pflanzen und Grillwürsten beschäftigen, streng ökologisch, versteht sich. Man untersucht auch das Biotop ›Waldweiher‹ gewissenhaft und hautnah, in Badehosen. K. hat eine Besichtigung der örtlichen Brauerei organisiert, sein Zulauf ist enorm. L. läßt seine Jugend für Olympia trainieren und hält Tischtennis für das beste Training. Von einem Sportverein hat er zwei alte Platten besorgt, jetzt spielt seine Mannschaft rund um die Uhr, da muß L. nicht immer dabei sein. Gelegentlich schaut er vorbei und ruft: »Durchziehen!« oder »Beinarbeit!«, dann verschwindet er wieder. Aus dem Chemiesaal knallt es, als habe man eben das Schwarzpulver neu erfunden. Kreischen, Jubel, Trubel, Heiterkeit – die Projekttage sind wieder ein voller Erfolg geworden.

Trick Nr. 24
Vielleicht hast du als Neuling mit deinem Projektvorschlag den Geschmack der Schülerschaft nicht so recht getroffen. Es haben sich wenige Kandidaten gemeldet, genau betrachtet keiner. Sei deswegen nicht allzu traurig. Die Schulleitung setzt dich als Koordinator zustandegekommener Projekte ein. Du gehst also zur Teich-AG und hörst dem Quaken der Frösche zu. Dann weiter zum Tischtennis:

Ärmel hochkrempeln und ordentlich mitmischen. Anschließend stärkst du dich in der ›kitchen‹ von Fräulein B. Und schließlich lauschst du den Worten der Theater-Truppe: Du wirst dir vorkommen wie im Paradeis.

Die Tüte

Unser Jahrhundert wird mit Recht als ›Jahrhundert der Tüte‹ bezeichnet. Frühere Zeiten scheinen sie nicht gekannt zu haben, jedenfalls sind weder auf den Wandgemälden der alten Ägypter noch auf den pikanten Kupferstichen des Rokoko solche Gebilde zu sehen. Auch die Köpfe, die von der Guillotine herabrollten, wurden (nach allem, was man weiß) nicht in Tüten aufgefangen. Nein, die Tüte, und besonders die aus Plastik, ist eine Erfindung und Errungenschaft des modernen Zeitalters.

Für drei Gruppen von Menschen scheint sie unerläßlich zu sein: für Einkaufende, Stadtstreicher und – Lehrer. Daß die letzteren auch zu den ›bag people‹ gehören, mag den Außenstehenden überraschen. Aber in der Tat: ohne Tüte ist der moderne Lehrer nicht vorstellbar. Sie hat den Rohrstock als kennzeichnendes Attribut ersetzt.

Zwar gibt es auch Schüler, die gelegentlich mit Tüten zur Schule kommen: als Ausdruck des Protestes, der Verachtung, der Provokation. Doch im allgemeinen bevorzugt die Schülerschaft modische Behältnisse, wie Rucksäcke, Beutel mit der Aufschrift ›Jute statt Plastik‹, Bauerneierkörbe oder was Flottes von Adidas, wie die Trends eben gerade sind.

Die Lehrer hingegen halten der Tüte die Treue, gehen mit ihr durch dick und dünn, seit es sie kostenlos oder für fünf Pfennig in den Kaufhäusern gibt. Bei O. ist sie geradezu Ausdruck seiner Lebensphilosophie. O. ist Bausparer und gewohnt, unglaublich hohe Tilgungssummen durch eiserne Ehrung des Pfennigs abzutragen. O. trägt seine Tüte, bis sie buchstäblich den Geist aufgibt und der Inhalt auf den Boden rasselt. Dann besorgt er sich notgedrungen eine neue Tüte, die so aussieht, als hätte er sie irgendwo auf dem Wochenmarkt gefunden.

Fräulein J.s Tüten stehen dazu in krassem Gegensatz.

Von ihnen grüßen die Schriftzüge von Cardin, Chanel und Gucci – alle Großen dieser Welt wollen Fräulein J. zu Diensten sein. Sie hat aber auch eine unvergleichliche Art, die Tüte zu schwingen, während sich bei O. immer der Eindruck aufdrängt, er schleppe ein paar ersäufte Katzen mit sich herum.

Ja, sage mir, welche Tüte du trägst, und ich sage dir, wer du bist. Für erfahrene Tütologen, ob sie sich nun auf Freud, Jung oder Alt berufen, gleichst du mit deiner Tüte einem aufgeschlagenen Buch. Obwohl sich auch ausgesprochene Kenner der Materie irren können. Da hat die Schulleitung einen Menschen mit vier Tüten am Eingang sofort als den neuen, schon längst erwarteten Kollegen identifiziert und begrüßt – dabei war es nur ein Pennbruder, der die Abfallkörbe des Schulgeländes inspizieren wollte.

Was aber trägt nun die Lehrerschaft in ihren Tüten? Das ist unterschiedlich. Fräulein J. zum Beispiel transportiert darin im Winter die zierlichen Pumps, die sie draußen in Eis und Schnee nicht tragen kann, wohl aber im Schulgebäude. Bei E. ist es oft ein ausgestopfter Vogel aus seiner privaten Sammlung, den er für Demonstrationszwecke benötigt. F. schleppt an kalten Tagen seine schwache Autobatterie eingetütet ins Warme, damit er mittags sofort wieder losbrausen kann.

In der überwältigenden Mehrzahl aller Tüten aber befinden sich: Hefte, Hefte, Hefte! Ständig belästigt die Schülerschaft ihre Lehrer mit geschriebenen Klassenarbeiten, die zu allem Überfluß noch korrigiert werden müssen. Du verhüllst die störenden Hefte erst einmal mit Plastik, trägst sie unentschlossen durch die Korridore, schließlich nach Hause, wo sie völlig unversehrt und unkorrigiert aus der Tüte kommen.

Mit viel Seufzen, Fluchen und roter Tinte entlarvst du das Abgelieferte als kompletten Schwachsinn und steckst die Hefte wieder in die Tüte. Zurück in die Schule damit – wo sich schon neue Tütenladungen auf deinem Platz gehäuft haben. Dein ganzes Leben scheint mit ständigem Füllen, Tragen und Leeren von Tüten zu vergehen. Was für ein elendes Vegetieren ist das!

Und doch gibt es Tage, da zeigt sich die Tüte von einer ganz zauberhaften, charmanten Seite. Wenn etwa K. mit zwei Tüten schwerbeladen in das Lehrerzimmer wankt und »Schampus für alle!« ruft. Dann hat er nämlich Geburtstag und spendiert großzügig Markensekt für 2,99 die Flasche, der so herrlich die Kehle hinunterläuft und später so fürchterliche Kopfschmerzen verursacht.

Trick Nr. 25
Wegen ihrer unterschiedlichen Aufdrucke ist die Tüte ein wertvolles pädagogisches Medium, um Botschaften taktvoll mitzuteilen. Wenn du etwa der Schülerschaft die korrigierten Klassenarbeiten zurückgibst und die Hefte, allen deutlich sichtbar, aus einer Tüte ziehst, auf der steht: ›Käse – aus deutschen Landen‹.

Die Heizung

Das Heizen des Schulgebäudes ist zu manchen Zeiten völlig problemlos, z. B. im Sommer, wenn die Natur mit Sonnenenergie nicht geizt. Dann fragt man sich, wofür der Hausmeister eigentlich sein Geld bekommt. Wenn nicht die Schüler nach den Pausen frische Erde von den Blumenbeeten in das Haus trügen, wenn sie nicht Türgriffe abmontierten oder Fensterscheiben zerbrächen, wäre der Mann völlig überflüssig. Mit diesen kleinen Aufräumungs- und Reparaturarbeiten rechtfertigt er notdürftig seine Existenz.

Im Winter ist das ganz anders. Im Winter kommandiert der Hausmeister die Heizung. Bekanntlich funktionieren die komplexen Moleküle der Kohlenstoffchemie nur innerhalb eines genau begrenzten Temperaturbereichs. Da machen auch Lehrer und Schüler keine Ausnahme, und sogar die Schulleitung muß den ehernen Gesetzen des Kohlenstoffs Tribut zollen. Etwas zuviel Temperatur oder etwas zuwenig – beide Male fallen die Betroffenen tot um, und an ein Unterrichten ist nicht mehr zu denken.

So weit treibt es der Hausmeister nicht. Noch haben alle das Schulgebäude lebend verlassen. Aber es hat schon kritische Situationen gegeben. Besonders kritisch ist es immer nach den Weihnachtsferien. Der Hausmeister hat, als Befehlsempfänger des Schulträgers, in der unterrichtsfreien Zeit die Heizung so zurückgestellt, daß das Wasser in den Leitungen gerade nicht eingefroren ist. Die Fische im Aquarium scheinen sich noch zu bewegen, wenn auch träge und nur am Boden. Die Bedingungen für den Fortgang des Lebens sind also durchaus günstig.

Der erste Schultag nach den Ferien trifft Hausmeister wie Stadtverwaltung anscheinend völlig unerwartet. Mit diesem frühen Zeitpunkt hat man wohl nicht gerechnet. Die Temperaturen in den Klassenzimmern sind folglich arktisch: im allgemeinen zwölf Grad, in der Turnhalle nur neun, dafür in einem Raum, den die Wintersonne aufheizt, sogar vierzehn.

Natürlich dreht der Hausmeister sofort die Heizung voll auf, feuert, was die Tanks hergeben. Der Mann weiß, was auf dem Spiel steht. Aber das Quecksilber in den Thermometern steigt nur zäh und widerwillig. Es gilt also, über die Runden zu kommen und nicht k. o. zu gehen.

Für L. ist das eine willkommene Herausforderung. L. hat ein Survival-Training in Alaska hinter sich gebracht und könnte sich, wenn es sein müßte, mit Regenwürmern und Tauwasser am Leben erhalten. Er ist mit seiner pelzgefütterten Parka erschienen und holt sich laufend Pemmikan aus den Taschen. L. blüht richtig auf.

Auch A. ist in guter Stimmung. Zwar unterbricht er immer wieder seinen Unterricht, um einer wichtigen Verpflichtung nachzukommen, wie er sagt. Dann geht er an seinen Spind, macht die Tür auf, neigt den Kopf ein wenig nach hinten (mehr können wir nicht sehen) und unterrichtet anschließend in Hemdsärmeln, mit feuerrotem Kopf, die Lebenslust selbst.

Aber das sind die Ausnahmen. Fräulein J. hat stets vergessen, wie es nach den Weihnachtsferien ist, und trägt eine Kreation von Armani, die im frühlingshaften Florenz genau das Richtige wäre. Schon nach der zweiten Stunde muß sie ihre karierte Autodecke holen und diese – das sieht nun wirklich revolutionär aus! - nach Indio-Art um die Schultern legen.

Die Schulleitung hat seinerzeit den Rußlandfeldzug mitgemacht und findet das Gezeter von Lehrer- und Schülerschaft lächerlich. Die Schulleitung regiert in Hut und Mantel und würde auch einen Temperatursturz auf null Grad gelassen hinnehmen.

Die anderen zittern sich so durch den Vormittag. Aber die Temperaturkurve zeigt steil nach oben. Um zwölf Uhr sind es allgemein 14 Grad, ein zarter Hauch von Frühling also. Du kommst heim wie ein Eiszapfen und legst dich erst einmal eine Stunde lang in die Badewanne.

Vorhaltungen und bitterböse Blicke (vor allem der Damen) haben den Hausmeister in seiner Ehre tief getroffen. Nun heizt er, ohne das Budget des Schulträgers im geringsten zu schonen. Am dritten Tag hat sich ein erträgliches Gleichgewicht herausgebildet. Man kann auf den Überzieher schon verzichten. Mit einem Norwegerpullover, einer Weste darunter und allerlei Angora-Unterwäsche läßt es sich eigentlich gut aushalten.

Draußen ist es jetzt strenger Winter: minus 15 Grad, tagsüber. Der Hausmeister feuert und feuert, bis man eine Hülle nach der anderen ablegen muß. Nun kann Fräulein J. ihre Armani-Kreation pur tragen, ohne Poncho. Überall sieht man sommerlich gekleidete Gestalten, die Schüler sitzen in T-Shirts da – schließlich geht es nicht anders: Die Fenster müssen aufgerissen werden, sonst käme es zu den ersten Hitzschlägen.

Erst jetzt gibt der Hausmeister nach, dreht die Heizung zurück. Und so nach etwa drei Wochen ist die Temperatur ausgesprochen moderat. Dann wird deutlich, daß wir in einer gemäßigten Klimazone leben, die Lehren und Lernen sehr begünstigt.

Trick Nr. 26

Keine Situation ist so elend, daß man ihr nicht eine gute Seite abgewinnen könnte. Die beste Methode, grimmiger Kälte zu begegnen, ist: Bewegung, Bewegung, Bewegung! Sie kräftigt die Muskulatur, fördert den Kreislauf und verlängert deine Pensionszeit. Also beim Unterrichten gehen, ja laufen wie ein eingesperrter Tiger. Die Tafel bekritzeln wie ein tollwütiger Affe. Platz nehmen, aufstehen in rasendem Wechsel. So kommst du unversehrt davon, während sich die Schüler langsam in Eisklötze verwandeln ...

Das Grüßen

Das richtige Grüßen in der Schule ist eine hohe Kunst, die viele nie erlernen. Als Anfänger mag es dir scheinen, als wäre nichts einfacher als das Grüßen. Wenn es einen überkommt, wenn man jemanden kennt und schätzt, dann grüßt man eben, und sonst läßt man es bleiben. So haben es vielleicht die Neandertaler gehalten, die aufgrund ihrer mächtigen Kinnladen wahrscheinlich gar nicht ordentlich grüßen konnten – kein Wunder, daß sie ausgestorben sind, verdrängt vom Homo sapiens, wie er heutzutage die Schulen bevölkert. Allerdings könnte es auch sein, daß diese erfolgreiche Spezies gerade am Grüßen zugrunde geht, und die ersten düsteren Zeichen dafür gibt es vor allem im Schulbereich.

Daß man den Schulleiter zuerst, von weitem, sogar von hinten und in absentia zu grüßen hat, wirst du leicht einsehen. Zwar ist man von der schönen alten Sitte abgekommen, vor der hohen Person auf die Knie zu sinken und ihren Rocksaum mit den Lippen zu berühren. Aber das Gefühl dafür solltest du in deinem Herzen bewahren. Der Gruß sollte immer von Ehrfurcht getragen sein.

An der Spitze der Hierarchie ist es also ganz einfach. Unten eigentlich auch, denkst du vielleicht. Den Hausmeister und die Sekretärin braucht man gar nicht zur Kenntnis zu nehmen, das sind nur dienende Geister. Man klatscht in die Hände, schon spritzen sie aus dem Weg.

E. hat einmal diesen Standpunkt vertreten und mußte es schwer büßen. Sekretärin und Hausmeister verfügen schon jeder für sich über enorme Machtmittel. Wenn sie sich aber noch verbünden, bist du als einfacher Lehrer nur ihr jämmerlicher Spielball. Also sind auch im sogenannten ›niederen‹ Bereich die Grußverhältnisse klar.

Von der Schülerschaft brauchen wir hier nicht zu sprechen. Sie hat schon längst aufgehört, die Lehrer zu grüßen. Wenn es doch einmal jemand tut, ist es zum Scherz und eine zweifelhafte Ehrung. N. wird zwar nicht müde, ihm bekannte Schüler zu grüßen, aber irgendwelche Vorteile hat ihm das nicht eingetragen, eher sinkt sein Ansehen bei der Schülerschaft.

Nein, es geht hier um den Gruß von einem Kollegen an den anderen. Du denkst naiverweise, auch im Schulbereich gälten die sonst üblichen Regeln, ausschlaggebend seien also Geschlecht, Alter, Rang. Wenn also P. (der Gedanke ist zugegebenermaßen schwer nachzuvollziehen) eine Dame wäre, dann müßten ihm die Grüße von allen Seiten nur so zufliegen. Dabei vergißt du einige entscheidende Faktoren wie Antipathie, Verachtung, Feindschaft, Haß, Rachedurst etc. Diese Kräfte verwandeln die Grußordnung in ein Chaos.

Wenn viele Menschen durcheinanderwuseln, also während der Pausen in den Korridoren, kann man sich der Grüßerei einigermaßen entziehen. Man tut so, als hätte man das Grußobjekt gar nicht bemerkt, wäre mit anderem beschäftigt.

Die klassische Grußsituation ist aber wie in ›High Noon‹, beim entscheidenden Shoot-out: ein langer, verlassener Korridor, an dem einen Ende eine dunkle Gestalt, an dem anderen du. Ihr geht aufeinander zu. Im Geiste hörst du die Musik von Ennio Moricone, also Pfeifen, Mundharmonika und einen dumpfen, rhythmisch skandierenden Männerchor: bomm – bomm – bomm – bomm. Schließlich seid ihr auf Grußhöhe. Dann passiert es.

Was das ist, läßt sich nicht im voraus sagen, das richtet sich nach dem jeweiligen Stand der Feindschaft. Aber jeder hat so seine Technik, und die solltest du kennen, um auf alles vorbereitet zu sein. T. etwa hat den Kopf ein wenig zur Seite gedreht, die Augen fixieren dich, die Oberlippe ist ein paar Millimeter hochgezogen und gibt die Schneidezähne frei, was der ganzen Physiognomie ein verschlagenes Lächeln verleiht. W.

dagegen scheint stur auf die Wand zu sehen, an dir vorbei, aber immer wieder schießt er einen giftigen Blick zur
Mitte. F. nähert sich wie ein bösartiger Keiler, mit blutunterlaufenen Augen, bereit, dich auf seine Hauer zu nehmen.

Ja, da hilft nur eines: den Menschen grüßen und hoffen, daß du damit das Schlimmste abwendest. Nicht, daß
er etwa zurückgrüßt, das wäre zuviel verlangt. Aber er
läßt dich immerhin laufen.

Natürlich gibt es auch andere Situationen. C. zum Beispiel kommt strahlend auf dich zu, als wollte er dich sofort in seine Arme nehmen. Doch wenn du ihn nicht als
erster grüßt, verschwindet das Lächeln wie ein Spuk. Du
hast ihn menschlich tief enttäuscht.

Wenn dich eine Dame nicht grüßt, gibt sie zu erkennen, daß sie dich für eine häßliche, widerwärtige Kröte

hält. Vielleicht hat sie aber auch ein Auge auf dich geworfen und wartet im Grunde auf deinen Heiratsantrag. Sie möchte es dir nur nicht zu leicht machen und die köstliche Zeit des Werbens und Herumbalzens noch ein wenig hinauszögern.

Kurz, das Grüßen ist nicht nur eine Kunst, sondern ein abgrundtiefes Geheimnis. Ein kurzes Lehrerleben reicht nicht aus, um es zu ergründen.

Trick Nr. 27
Grüße entweder alle oder keinen. Im ersten Fall wird man dich für einen Trottel halten, aber einen liebenswürdigen; im zweiten für einen Flegel, aber einen charakterfesten. In beiden Fällen wirst du deine Ruhe haben.

Der Sporttag

Der Sporttag ist L.s großer Tag. Da läßt er die Puppen tanzen, Schüler wie Lehrer. Die Schulleitung wagt sich nicht aus ihrem Bunker, sie befürchtet, auch von L. für Handlangerdienste eingesetzt zu werden. Notwendig ist der Sporttag keineswegs, wir würden gerne auf ihn verzichten oder ihn, wie die alten Griechen, alle vier Jahre veranstalten, zähneknirschend. Aber L. läßt nicht locker. Der Sporttag ist seine Rache dafür, daß man ihn und den ›Schpurt‹, wie es in seiner Dialektfärbung heißt, in der Hierarchie der Fächer nicht recht ernst nimmt.

Immerhin könnte es noch regnen. Überall werden Bittgottesdienste abgehalten und Beschwörungsrituale zelebriert, manche rufen sogar Tlaloc an, den alten aztekischen Regengott. Vergebens: ein paar mickrige Wölkchen am Horizont, das ist alles. Es kann beginnen. L. gibt das Zeichen.

Es beginnt mit einem ungeheuren Chaos. Zwar hat L. einen umfangreichen Organisationsplan erstellt, aber dieser enthält kleine Tücken. So soll M. gleichzeitig an der Weitsprunggrube und an der Rennbahn sein, die Existenz der Klasse 7b wird in keiner Weise auf dem Papier anerkannt usw. usf. Doch L. ist vom Militär her gewohnt, daß Pläne nur einen ungefähren Rahmen darstellen, der erst an der ›Front‹, wie er sich ausdrückt, mit Leben erfüllt wird. Wenn er auf einem Rosse säße, würde L. von einem Gefechtsplatz zum anderen sprengen. Aber auch so irrlichtert er in atemberaubender Manier umher und bringt mit kurzen, barschen Befehlen und dem Hinweis auf den ›gesunden Menschenverstand‹ alles ins Lot.

Lieber Kollege, laß dich ein wenig auf dem Schlachtfeld herumführen. Begeben wir uns zunächst zur 100-Meter-Laufstrecke. Es ist eine hochmoderne Tartanbahn (was immer das heißen mag), wie geschaffen für Spitzenleistungen. Tatsächlich wurde hier im Jahre 1979 schon einmal der sagenhafte Rekord von 9,7 Sekunden gemessen! L. wollte schon die ganze ›Lehrerscheiße hinschmeißen‹, wie er sich ausdrückte, und als Spezialtrainer des Wunderknaben Millionen scheffeln (›Dollar natürlich‹), vielleicht ein Buch schreiben, wie er . . . Am Ende jedoch war es nur ein Meßfehler von A. gewesen, der den Start verschlafen und mit seinem klebrigen Daumen für die Sensation gesorgt hatte.

Seitdem sind die Zeitnehmer vorsichtig. Die vier Kollegen, die die Uhren halten, stecken nach dem Stoppen erst einmal die Köpfe zusammen und vergleichen ihre Zeiten. Es sind meist ganz krause Zahlen, die in keiner vernünftigen Relation zueinander stehen. Kurz entschlossen einigt man sich auf Erfahrungswerte und Wahrscheinlichkeiten. Die Schüler sind mißtrauisch. Mit Recht.

An der Weitsprunggrube dagegen ist es eindeutig. Viele Schüler treffen den Absprungbalken nicht, trampeln wie die Rhinozerosse voll daneben. Einmal. Zweimal. Jetzt bleibt nur noch der dritte Versuch, der unbedingt klappen muß. Man setzt also ganz auf Sicherheit und schafft – zwei Meter fünfzig. Ja, an unserer Schule gibt es selten Höchstleistungen. Den Schülern ist das wurscht. Sie haben sich in den langen, langen Wartezeiten ihre Walkmen aufgesetzt. Die Schülerschaft ist musisch-künstlerisch orientiert und hält den ›Schpurt‹ für eine proletarische Angelegenheit.

Was tut sich mittlerweile bei den Wurf- und Stoßdisziplinen? Ich hoffe, daß dich L. nicht gerade dort beschäftigt hat. Das ist ein lebensgefährliches Terrain. Du denkst vielleicht, du seist beim Kugelstoßen den größten Gefahren ausgesetzt. Keineswegs. Natürlich, wenn dich die Eisenkugel erwischt, droht sofortige Pensionierung oder Schlimmeres. Aber da, wo du stehst, kommt nie eine Kugel hin. Viel größer ist die Gefahr für den stoßenden Athleten, denn immer wieder fällt die Kugel auf empfindliche Schülerzehen, bei einer Weite von null Metern.

Das braucht dich nicht zu kümmern, doch ein Hand-
oder, schlimmer noch, ein Schlagball kann dich ohne weiteres am Kopf treffen, auch und gerade aus kürzester Entfernung. Bei solcher Gelegenheit wurde P. ausgeknockt
und fehlte drei Tage wegen Gehirnerschütterung. Heute
befinden sich Fräulein B. und Fräulein V. im Schußfeld,
und eingedenk der Gefahren rennen sie umher wie aufge-
scheuchte Hühner.

Nun fängt es doch noch zu regnen an. Aber viel zu spät.
Die paar Läufe, Würfe, Sprünge, die noch fehlen, werden
›durchgeführt‹, befiehlt L. Der Regen rinnt. Du stehst da
wie ein begossener Pudel. Die Leistungen der Athleten
sind jetzt begreiflicherweise noch schwächer. Ja, sie sind
nicht der Rede wert, hundsmiserabel, eine Schande!

Trick Nr. 28
Du mußt es unbedingt schaffen,
dem ›Rechenzentrum‹, wie L. sich
ausdrückt, zugeteilt zu werden.
Das ist eine großartige Sache. Ein
gemütliches Zimmer, Kaffee, was
zu rauchen, vielleicht gehören sogar ein paar Fräulein zum Team.
Die Zeit dort vergeht wie im Fluge, im Rechenzentrum ist
der ›Schpurt‹ ein wahrer Genuß. Hin und wieder kommt
zwar ein griesgrämiger Schüler und liefert einen Stoß
Wettkampfkarten mit angekreuzten Resultaten ab. Dann
mußt du etwas so Schwieriges wie ›500 plus 700‹ ausrech-
nen. Aber ihr seid ja zu viert, und jeder hat einen kleinen
Computer.

Das Auto

Es ist gar nicht so lange her, da brachte man dem Lehrer nicht viel Achtung entgegen. Als kleinem ›Hofmeister‹ wurde ihm nur eine Fortbewegungsart zugebilligt: die mit Hilfe der eigenen Beine. Keineswegs aber wollte man ihn hoch zu Roß sehen, in der Kutsche oder gar in der Sänfte. Inzwischen hat sich vieles verändert. Wenn heute einer im Auto sitzt, weiß man nicht, ob es ein Minister, ein Viehhändler, ein Schwerverbrecher – oder ein Lehrer ist.

Tatsächlich fahren heutzutage alle Lehrkräfte mit dem eigenen ›Wagen‹ zur Schule, womit immer ein Automobil gemeint ist. Auch beim Wagen des Schulleiters handelt es sich keineswegs um einen Leiterwagen. Selbst die Referendare sind ›vollmotorisiert‹, wie man sagt.

Es gibt zwar wenige Ausnahmen, aber das sind Exzentriker, Angeber oder Fanatiker. L. pflegte mit einem schneidigen Rennrad vorzufahren, bis es ihm geklaut wurde. O., als Bausparer, hat ein altes Wehrmachtsfahrrad aufgegabelt, das noch im Ardennenfeldzug an die Front geschickt wurde, und kommt damit bei Wind und Wetter angestrampelt. Bei Glatteis einmal auch mit einem fürchterlich blauen Auge. Der Religionslehrer wird nicht müde zu verkünden, mit dem Auto sei die große Verderbnis über die Welt hereingebrochen. Er geht nach Apostelart zu Fuß, wurde aber auch inkonsequenterweise schon im Bus gesichtet.

Dann gibt es so Zwitterwesen wie M., der mit einem Motorrad angeröhrt kommt. Wir vermuten, daß er das nur wegen seines Sturzhelmes macht: feuerrot mit azurblauen Streifen und einem fünfzackigen weißen Stern. Die Mädchen finden das ›echt cool‹.

Aber das sind so Randerscheinungen. Der typische Lehrer braust in letzter Sekunde mit seinem angerosteten

Kadett-Kombi auf den Schulparkplatz, findet ihn vollbe-
setzt, stellt in seinem Pünktlichkeitsdrang den Wagen irgendwohin und eilt zum Unterricht. Ein paar liederliche
Existenzen kommen gar eine Minute zu spät und lassen
ihre Gefährte wie gestrandete Schiffe auf den freien Quadratmetern zurück. Damit bahnt sich eine fürchterliche
Tragödie an.

K. hat heute schon nach der dritten Stunde aus, so will
es sein Stundenplan. Es ist sein schönster Tag in der Woche, den er – wenigstens zum Teil – dem privaten Vergnügen widmen möchte. Dieses aber rückt sofort in weite
Ferne, als er seinen Wagen sozusagen von feindlichen
Gefährten eingekesselt sieht. Manövrierunfähig. Daß K.
nicht in blindem Zorn Amok läuft und mit den Fäusten
auf das fremde Blech eindrischt, ist das reinste Wunder.
Die Suche nach den heimtückischen Wagenlenkern ge-
staltet sich sehr zeitraubend. Schließlich kann K. wegfah-
ren, aber die menschlichen Beziehungen haben schwer
gelitten. In einem Fall hat sich eine mittlere Feindschaft in
eine Todfeindschaft verwandelt.

Ach, jeden Tag ist es dasselbe mit dem Zuparken. Die
Schuld liegt natürlich beim Schulträger, der ein paar
überflüssige Bäume nicht abholzen lassen will, um zu-
sätzlichen Parkraum zu schaffen. Der Schulträger sieht
ungerührt zu, wie da insgeheim die Messer gewetzt werden.

Sprechen wir von etwas Erfreulichem, sprechen wir
von Fräulein J.s Automobil: Ein blütenweißer Sportwa-
gen ist das, mit zarten roten Streifen und den geheimnisvollen Buchstaben ›GTI‹ auf dem Heck. Was bedeutet
das? Ist es eine Zauberformel? Gewinnt derjenige, der das
Rätsel löst, Herz und Hand von Fräulein J. und ihren herrlichen Wagen dazu?

Q. scheint da etwas im Schilde zu führen, jedenfalls
sieht man auffallend oft seinen roten Porsche (wo hat Q.
eigentlich das Geld her?) neben Fräulein J.s weißem
Schwan. Es ist ein märchenhaftes Bild. Die Autos sind

sich gut, das merkt jeder. Aber vielleicht ist Q. ein Hochstapler und Schwindler und mißbraucht den ehrbaren Lehrerberuf nur als Deckmantel, um in seiner Freizeit dunklen Geschäften nachzugehen. Fräulein J. tut gut daran zu zögern, abzuwarten.

Ja, der Parkplatz ist eine Bühne großer Leidenschaften: Liebe und Haß, Schurkerei und Zärtlichkeit, Schweigen und rasendes Gebrüll. Jeden Tag werden Sophokles und Shakespeare aufgeführt und in den Zeiten, da K. auf die Herren Godot wartet, auch Samuel Beckett . . .

Trick Nr. 29
Versuche nicht gleich zu Anfang, eine Hauptrolle auf dem Parkplatz zu spielen. Beginne mit einem schäbigen japanischen Kleinwagen aus dritter Hand und stecke es geduldig weg, wenn man dich immer wieder boshaft zuparkt. Mit den Jahren und dem Aufstieg kannst du dir größere Freiheiten herausnehmen und es allen ordentlich heimzahlen. Das Stärkste war die Tat des Kollegen*** (ich will den Namen nicht nennen, er lebt nicht mehr), der sein Wohnmobil quer vor den Parkplatz stellte, somit alle feindlichen Wagen einsperrte und dann, wie er sich später herausredete, zerstreut, ›ganz in Gedanken und ohne bösen Willen‹ zu Fuß nach Hause ging . . .

Der Reformpädagoge

Der Reformpädagoge ist das belebende Element an der Schule, die treibende Kraft, die Hefe im zähen Teig der Schulwirklichkeit: ein Unruhe- und Infektionsherd ersten Ranges. Wird das Vorhandensein eines oder mehrerer Reformpädagogen im Lehrkörper festgestellt, versucht die Schulleitung, den Schaden in Grenzen zu halten. Auch das Kollegium bemüht sich nach Kräften, den Abgeirrten auf den Weg des gesunden Mittelmaßes zurückzuführen.

Ich muß es aussprechen: W. war einst ein fanatischer Reformpädagoge, und ein Ende seiner Raserei ließ sich zunächst nicht absehen. Blutjung damals und in seiner Erscheinung von den älteren Schülern kaum zu unterscheiden, hatte W. gerade seine Prüfungen mit Ach und Krach bestanden und war von der Behörde eigentlich mehr gnadenhalber, wenn nicht gar versehentlich mit dem Lehramt betraut worden. Man hätte erwarten können, daß er nun in aller Bescheidenheit und Demut seine Pflichten erfüllen und versuchen würde, die ungleich erfahreneren Kollegen nachzuahmen. Von wegen! W. gab zu verstehen, verkündete unverdrossen, forderte lauthals, daß das Schulwesen um und um gekrempelt werden müsse. Er rief nach grundlegenden Reformen – und meinte die Revolution!

Wie es sich für eine Revolution gehört, mußte die Unterdrückung eines Standes festgestellt werden. Eigentlich fühlte sich niemand so recht unterdrückt. Natürlich ist es lästig, sich jeden Morgen zu erheben und den ganzen Vormittag in geschlossenen Räumen zu verbringen. Hierin sind sich Schüler- und Lehrerschaft einig. Aber da sich, wo immer Menschenmassen zusammenströmen, interessante Liebeleien, Intrigen, Fehden, Feindschaften, Geschäfte und Betrügereien entwickeln, nimmt man den kleinen Nachteil in Kauf und ist froh, wenn die ereignislosen Ferien vorüber sind.

Dennoch wurde die verblüffte Schülerschaft von W. darauf hingewiesen, daß sie unterdrückt sei. Das war zunächst schwer zu begreifen, aber da die Schüler für neue Ideen und Denkmoden aufgeschlossen sind, begannen sie sich für den Gedanken zu erwärmen. Das Stillsein im Unterricht wurde zu einer barbarischen Form der Unterdrückung erklärt, und die große Freiheit nahm dadurch Gestalt an, daß sich in W.s Stunden der starre Schülerblock in einen munteren Ameisenhaufen verwandelte. Auch der Appell, man solle sich nicht dem Diktat eines einzelnen beugen, nur dann zu reden, wenn man aufgerufen werde, verhallte nicht ungehört. Fortan sprachen alle durcheinander und gleichzeitig.

Einmal auf den richtigen Weg gebracht, entlarvte die Schülerschaft auch die Erledigung der Hausaufgaben, das Aufschlagen von Büchern und Heften, schließlich das Mitbringen derselben als perfide Formen der Unterdrückung. Die Revolution wurde also, nach Anlaufschwierigkeiten, ein voller Erfolg und rollte unaufhaltsam weiter.

Die Schulleitung, bislang die Großmut und Geduld in ihrer schönsten Verkörperung, begann unruhig zu werden, befürchtete sie doch, daß der Reform- bzw. Revolutionsgedanke wie ein Schadenfeuer von W.s Stunden auch auf andere übergreifen könnte, ja daß am Ende die ganze Schule in Anarchie versinken würde.

Aber zum Glück war diese Furcht unbegründet. Ja, wunderbarerweise setzte W. der Revolution selbst ein Ende und gewann dadurch die Hochachtung der Kollegen und der Schulleitung. Das kam so:

W. wollte nicht nur das alte, morsche Gebäude zum Einsturz bringen, sondern auf den Trümmern eine schönere, bessere Welt errichten. Wie diese aussehen sollte, wurde allerdings nie völlig klar, obwohl W. jeden, der ihm über den Weg lief, für seine Vision zu gewinnen trachtete. Über den Unglücklichen brach dann ein mächtiger Wortschwall herein, in dem W. die neuesten Erkenntnisse der Soziologie, Linguistik, Politologie und des biodynamischen Gemüseanbaus in scharfsinniger, aber undurchsichtiger Manier miteinander verquickte.

Tatsächlich konnte W. keinen seiner Kollegen so recht überzeugen. Und bei der Schülerschaft erlitt er völligen Schiffbruch. Diese nämlich lebte in der großen Freiheit und lehnte es ab, sich irgendwelche Ideologien aufzwingen zu lassen. W.s Worte verhallten ungehört. Schlimmer noch, man nahm nicht einmal mehr seine Anwesenheit im Klassenzimmer zur Kenntnis. Die Revolution war im Begriff, ihren Propheten aufzufressen.

Da entschloß sich W. zu einer radikalen Kursänderung. Schritt für Schritt kehrte er zu den alten Formen der Unterdrückung zurück, brüllend, tobend, drohend, strafend – und nach Wochen heroischen Kampfes saßen die Schüler in W.s Unterricht da wie die Lämmer und gaben keinen Mucks von sich.

Das alles ist lange her. Heute gilt W. bei der Schülerschaft als ›scharfer Hund‹. Sie verstehen das durchaus als Anerkennung, auch wenn sie ihn an manchen Tagen am liebsten umlegen würden. Daß W. einmal ein ›Reformpädagoge‹ gewesen sei, erscheint jetzt völlig unglaubhaft.

Trick Nr. 30

Die Reformpädagogik ist eine Art Fieber oder so etwas wie Masern: Da muß jeder einmal durch. Beim einen ist es nur ein milder Anfall, der andere geht schier drauf. Aber, lieber Kollege, sei unbesorgt, auch wenn es dich besonders hart treffen sollte: Du bleibst am Leben. Und falls du nicht mehr ein noch aus wissen solltest, schau dir einfach deine Kollegen an und tröste dich mit dem Gedanken, daß du eines Tages sein wirst wie sie.

Das Urgestein

›Urgestein‹ ist ein Begriff aus der Geologie und bezeichnet das, was allen Eruptionen und Sintfluten, allen Gewalten des Feuers, des Windes und des Wassers, ja dem Zahn der Zeit, der doch sonst nichts verschont, erfolgreich getrotzt hat. Es ist immer noch da, beinahe unversehrt, unbesiegbar. In seiner Unwandelbarkeit hat das Urgestein etwas Göttliches – oder Satanisches.

Ich würde nicht sagen, daß I. ein solches Urgestein ist, aber er kommt ihm ziemlich nahe. I. ist allen Revolutionen abhold. Das sind die meisten Kollegen, doch I. sieht auch da schon Aufruhr, gewaltsame Umwälzung, das Ende der Welt, wo es den anderen reichlich harmlos erscheint.

Der Bäcker hat sein Warenangebot in der großen Pause erweitert (er versteht sich auf modernes Marketing) und plaziert jetzt neben Semmeln und Brezeln dunkelbraune ›Mohrenköpfe‹, so nennt man viel süßen Schaum auf Waffelboden mit Schokoladenüberzug. Nun gut, sagt man sich, wenn die Schüler danach gieren, sollen sie das Zeug haben, sie werden es sowieso bald überkriegen.

I. jedoch ist strikt dagegen und führt ein Argument an, auf das niemand sonst gekommen wäre. Er warnt nicht etwa vor der Kariesgefahr, vor den Schäden für die Krankenkassen und die Volkswirtschaft, sondern weist darauf hin, daß es zu der Zeit, als er Schüler gewesen sei, auch keine Mohrenköpfe gegeben habe! Das kann den Bäcker allerdings überhaupt nicht beeindrucken: Die Zukunft gehöre dem Mohrenkopf und damit basta! So bleibt die fragwürdige Köstlichkeit im Sortiment, da sich der Konvent nicht mit diesem Problem beschäftigen will.

Man sollte meinen, das sei eine Kleinigkeit, aber gerade den Kleinigkeiten müsse man schon in den Anfängen wehren, mahnt I. Diese bedenklichen Anfänge wittert er vor allem in hinterhältigen Änderungswünschen der Schülerschaft. Da hatten die Kollegen ihre Klassenarbeitstermine frühzeitig festgelegt und im dafür vorgesehenen Ordner notiert. I., mit einer nicht so weit reichenden Terminplanung, sah einen guten Grund, seine Arbeit kurzfristig ebenfalls in einer bestimmten Woche unterzubringen, und unversehens standen die Schüler vor einer Zahl von Prüfungen, die auch ein Genie in dieser Häufung nicht hätte bewältigen können. Man schickte eine Abordnung zu I. mit der Bitte um Verlegung der Klassenarbeit – die Kommission wurde schroff abgewiesen, ja sie konnte froh sein, nicht mit Fußtritten davongejagt zu werden. Irgendwie ergab sich eine Lösung für die Schülerschaft, aber es versteht sich von selbst, daß I. nicht daran beteiligt war.

Viele Beispiele könnte man noch aufführen, die zeigen, daß sich I. ganz als ›Felsen der Ordnung‹ begreift, als den sich der große Metternich bezeichnete, im Zeitalter der Restauration. Auch I. würde am liebsten eine ›Heilige Allianz‹ ins Leben rufen, um zu bekämpfen, was er den ›Ungeist‹ nennt. Sympathisanten hat er durchaus, aber auch Gegner. Der natürliche Feind des Urgesteins ist der Reformpädagoge. Warum das so ist, hast du, lieber Kollege, im vorhergehenden Kapitel erfahren. Wenn eine Klasse in das Spannungsfeld dieser entgegengesetzten Naturen gerät, beginnt für sie die sittlich-moralische Weltordnung bedenklich zu wanken. Denn woran soll sie sich halten? Was der eine befiehlt, verdammt der andere.

W. hatte, in seiner Phase als Reformpädagoge, die Sitzordnung bis ins Unkenntliche aufgelockert, d. h. die Tische und Stühle standen wild im Klassenzimmer herum. Er faßte das als sichtbaren Ausdruck einer Demokratie auf, in der jeder mit jedem frei kommunizieren könne. I. dagegen wollte von ›Kommunikation‹ nichts hören, weil er das als Tarnwort für kommunistische Wühlarbeit interpretierte. Bei ihm hatten die Tische und Stühle in strammer Ordnung dazustehen, wie für die Instruktion preußischer Kadetten. Immerhin zog die Schülerschaft aus der Unvereinbarkeit dieser Prinzipien einen kleinen Vorteil. Sie ließ das Mobiliar stehen, bis die gegnerische Lehrkraft eintrat und eine sofortige Umstrukturierung der Kulissen befahl. Das dauerte gut und gerne zehn Minuten.

Obwohl die Schülerschaft eine Phase der geistigen Orientierungslosigkeit durchstehen mußte, trauerte sie später wegen dieser zehn Minuten der Zeit der Auseinandersetzungen zwischen W. und I. nach. Da hatten sich deren Standpunkte angenähert, nicht in der Mitte, sondern so ziemlich bei I.

Trick Nr. 31
Obwohl das Phänomen des Urgesteins nicht auf ein bestimmtes Lebensalter festgelegt ist (auch ein junger Kollege im Designer-Look kann sich als solches entpuppen), empfiehlt es sich, die Laufbahn etwas flexibler zu beginnen. Nicht gerade wachsweich, aber vielleicht: menschlich. Denn um die Versteinerung brauchst du dich nicht zu bemühen, lieber Kollege, die kommt von alleine mit den Jahren. Allerdings solltest du darauf achten, daß der Prozeß nicht zu schnell abläuft. Zwar behindert dich die Versteinerung keineswegs in deiner Lehrtätigkeit, wenn sie nur das Herz erfaßt. Wenn sie jedoch auf größere Partien deines Gehirns übergreift, solltest du dich schon im Ruhestand befinden.

Der Wandertag

Wandertag und Wirtschaft gehören eng zusammen, ja bilden eine unauflösliche Einheit. Entweder ist die Wirtschaft Ziel und Höhepunkt des Wandertages oder der verhängnisvolle, verfluchte Ort, der unter allen Umständen gemieden werden sollte. Dementsprechend gibt es für den Verlauf des Wandertages zwei Grundmuster. Wenden wir uns dem ersten Fall zu.

Die Schülerschaft ist von Natur aus dem Wandern abgeneigt. Sie kann keinen Sinn in einer so lahmen Fortbewegungsart erkennen und bevorzugt Skateboards, Rollschuhe, Mofas und Schrottautos. Wenn alle Stricke reißen, kann man immer noch ›stoppen‹. Also bedarf es besonderer Überredungskunst, um sie zur als unnatürlich empfundenen Aktivität des Wanderns zu bringen.

Die Abneigung legt sich ein wenig, wenn man nicht vom ›Wandern‹ spricht – das klingt wirklich wie aus der Steinzeit! –, sondern vom ›Hiking‹. Also hiken würden sie zur Not, aber länger als eine Stunde soll es nicht dauern, hin und zurück selbstverständlich. Doch das ist nicht im Sinne der Behörde. Diese hat die großartige Vision von dreißig emsigen Wanderburschen, die unter Absingen von frischfrommfröhlichen Liedern den ganzen Vormittag unterwegs sind und dabei auf stramme dreißig Kilometer kommen. Ein gesunder Geist wohnt in einem gesunden Körper, und irgendwo muß man halt anfangen.

Die Vorstellungen klaffen also weit auseinander. Um sie ein wenig anzunähern, bedienst du dich einer List: Du bietest an, von der Schule aus zum ›Roten Eber‹ zu hiken. Du hast dich auf der Landkarte vergewissert, daß das immerhin zehn Kilometer sind, mit Rückmarsch somit zwanzig – da kann dir keiner einen Vorwurf machen. Den ›Roten Eber‹ kennen die meisten aus eigener Erfahrung sehr gut, auch wenn noch niemand hingehikt ist. Mit einem Geniestreich hast du die Klasse auf deine Seite gebracht.

Am nächsten Morgen geht es in aller Frühe los. Das Wetter ist frisch, ein wenig kühl, aber gleich wird allen warm werden. Manche haben eine unklare Vorstellung vom Hiken, jedenfalls ist ihr Schuhzeug eher modisch und für Hotten auf glattem Untergrund geeignet. Ihren T-Shirts nach zu schließen, scheinen die wenigsten an Regen in unseren Breiten zu glauben. Es ist eigentlich mehr eine Hiking-Party, nicht zu vergleichen mit der Wandervogelbewegung von anno Tobak.

Man setzt sich in Marsch. Du bist natürlich der letzte, denn keiner soll sich vorzeitig aus dem Staub machen. Bald zieht sich die zunächst kompakte Gruppe gewaltig auseinander, die Temperamente und Motivationen sind eben sehr verschieden. Die ersten Jungen verschwinden schon am Horizont und streben dem ›Roten Eber‹ im Wolfstrab entgegen. Die Damen dagegen haben es weniger eilig, und du mußt pausenlos auf sie einreden, um sie ein bißchen zu beschleunigen. Eine Sisyphus-Arbeit!

Ein leichter Nieselregen setzt ein. Die Schüler vor dir finden das ungemütlich und möchten wieder zurück. Doch du gibst zu bedenken, daß man schon mehr als die Hälfte zurückgelegt habe und daß die Fortsetzung des Marsches zum ›Roten Eber‹ das kleinere, da kürzere Übel sei. Die Stimmung ist lausig. Man wälzt sich durch die Landschaft. Zum Glück taucht endlich in der Ferne die Wirtschaft auf.

Aber warum lungern die zuerst Eingetroffenen draußen herum, mit bösen Gesichtern? Beim Näherkommen siehst du das Schild ›Heute Ruhetag‹ im Fenster. Niemand da. Und die Stadt zehn Kilometer entfernt. Ein Totschlag im Affekt liegt in der Luft.

Nun heißt es schnell handeln. Zum Glück gibt es eine Telefonzelle, und du erteilst angesichts des bedrohlichen Wetterumschwungs den Auftrag, Eltern mit Personenkraftwagen oder besser noch Kleinbussen herzubitten.

Die Telefonkosten würdest du voll und ganz tragen, auch für den Sprit aufkommen usw.

Tatsächlich fährt nach einer halben Stunde ein kleiner Fiat vor und nimmt vier Schüler mit. Andere Vehikel treffen ein, die Zahl der Wartenden verringert sich stetig. Aber dann geschieht lange Zeit nichts. Fünf armselige, vom Regen durchweichte Figuren hängen noch herum. Schweren Herzens bestellst du ein Taxi.

Ein warmer, weißer Mercedes nimmt euch auf und trägt euch zurück in die Heimat. Der Taxameter tickt wie ein nervöser Geigerzähler. Da die fünf in ganz verschiedenen Teilen der Stadt wohnen, mußt du eine irrsinnig hohe Summe bezahlen, ohne auch nur ein Wort des Dankes oder Abschieds zu hören. Einer sagt noch, Hiken sei eine absolut tote Hose. Der Wandertag ist zu Ende.

So viel zum ersten Typus. Den zweiten können wir kurz abhandeln. Mit ihm hast du zu tun, wenn die Schüler den Genuß von Bier und Zigaretten durchaus zu schätzen wissen, aber aufgrund ihres zarten Alters davon abgehalten werden sollen. Da stellt eine Wirtschaft mit Ausschank und Zigarettenautomaten natürlich eine Erschwerung deiner Aufgabe dar. Deshalb hast du gewissenhaft die Karte studiert und ein völlig gefahrloses Wandergebiet ausgesucht.

Alles verläuft zu deiner Zufriedenheit. Die Schüler schlagen in ihrer Wanderlust noch eine kleine Ausweitung des Unternehmens vor, gutmütig erklärst du dich einverstanden – und der Weg endet mit teuflischer Sicherheit vor einer stillen, verträumten Landgaststätte, die bei solchen Gelegenheiten immer offen zu sein pflegt.

Was sollst du tun? Du erinnerst den Wirt an seine Pflichten und postierst dich wie der Engel mit dem Flammenschwert vor dem Zigarettenautomaten. Die Schüler scheinen sich mit ihrem Schicksal abgefunden zu haben. Nach einer Stunde geht es weiter. Da entdeckst du, daß zur Hofseite hin ein zweiter Zigarettenautomat installiert ist. Und der Wirt verlangt mit zornrotem Kopf Bezahlung für einen Kasten Bier, der, arglos vor der Küche abgestellt, morgens volle Flaschen aufgewiesen hatte – jetzt sind es nur noch leere.

Trick Nr. 32
Ein hinterlistiger, aber anstrengender Trick besteht darin, daß man das in Frage kommende Gebiet in den Wochen vorher planmäßig abgewandert und sich vergewissert hat, daß es völlig trocken, also frei von Wirtschaften ist. Umgekehrt genügt ein einfacher Telefonanruf am Tage vorher, um herauszufinden, wann der Wirt ruht und wann er zu Diensten steht. Aber damit wird dem Unternehmen natürlich das Abenteuerliche völlig genommen, und es gleicht zu sehr dem grauen, monotonen Schulalltag. Deswegen einfach daraufiosmarschieren und sich davon überraschen lassen, was der Tag bringt.

Das Notenbüchlein

Wenn eine Person in einer mittelalterlichen Szene mit Krone, Zepter und Reichsapfel abgebildet ist, weiß jeder: Das ist der Kaiser. Man erkennt ihn an seinen Insignien. Die Würde des Lehrers drücken ebenfalls drei Dinge aus: Kreide, Zeigestock und Notenbüchlein, wobei das letztere mit Abstand der wichtigste Gegenstand ist.

Man kann ohne Kreide und Zeigestock unterrichten, einem Lehrer ohne Notenbüchlein dagegen wird die Schülerschaft überhaupt keinen Respekt entgegenbringen. Deswegen will nicht einmal der Religionslehrer darauf verzichten, und selbst der Turnlehrer kommt zwar manchmal ohne Trillerpfeife oder gar im Straßenanzug, aber sein Notenbüchlein hat er noch nie vergessen. Rolle vorwärts! Rolle rückwärts! Ein Wink mit dem Zauberding sagt mehr als tausend Worte.

Daß dem Referendar kein Notenbüchlein zusteht, beweist, daß er nur eine Übergangsform darstellt, nämlich die vom Menschen zum Lehrer. Ja, in gewisser Weise rangiert er noch unter dem Schüler, dessen Existenz in diesem Buch des Lebens immerhin anerkannt wird, während der Referendar nur den Status einer bloßen Idee hat.

Nun könntest du sagen, auch die Schulleitung habe kein Notenbüchlein, oder wenn, dann nur ein ganz bescheidenes für eine einzige Klasse, in der sie unterrichtet. Bedeutet das also, daß der Rang der Schulleitung ... Halt, lieber Kollege! Bevor du dich in fruchtlosen Spekulationen verlierst, bedenke, daß die Schulleitung ein viel erhabeneres Notenbüchlein hat, in dem ihr alle, du und deine Kollegen, aufgeführt seid. Und wenn das noch nicht reicht, um deinen Vorwitz zu zügeln, dann mache dir bewußt, daß das eigentliche Notenbüchlein, das Buch aller Bücher, in den Händen der Behörde liegt.

Aber wir wollen uns nicht in solchen atemberaubenden, ätherischen Höhen verlieren. Kehren wir zurück zur gewöhnlichen Schulwirklichkeit. Am ersten Schultag kommt ein Vertreter der Sparkasse wie ein Himmelsbote und leert einen Karton mit Notenbüchlein auf den Tisch. Da heißt es, sofort zuzupacken und den Namen hineinzuschreiben! Denn immer ist es ein Exemplar zuwenig, und wer leer ausgeht, dem gnade Gott! Manche sollen sich in dieser verzweifelten Situation aus dem alten Büchlein des Vorjahres ein neues gebastelt haben, aber wenn die Schülerschaft durch einen bösen Zufall dahinterkommt, steht dem Entlarvten ein schreckliches Jahr ins Haus.

Mit den Farben hat die Sparkasse in den letzten Jahren zu experimentieren begonnen: grün und blau. Ein richtiges Notenbüchlein jedoch muß rot sein wie die Flammen des Fegefeuers. Da genügt es, wenn eine kleine Ecke aus der Jackentasche ragt – schon begegnet man dir mit Achtung und Aufmerksamkeit.

Köstlich ist es, zu Beginn einer Unterrichtsstunde das Büchlein in einem feierlichen Ritual herauszuziehen, es genießerisch aufzuschlagen und die Augen über die Namensreihen gleiten zu lassen. Die Schülerschaft steht wie unter einem Bann, selbst die größten Rabauken sitzen gelähmt da wie die Kaninchen vor der Schlange. Wenn du dann dein Büchlein wieder zuklappst, ohne mit eisiger Stimme einen Namen genannt zu haben, wirst du spüren, wie eine herzliche Sympathie dir entgegenströmt.

Die Sternstunde des Büchleins aber kommt mit dem Versetzungskonvent. Man stelle sich vor: Im Lehrerzimmer, in diesem abstoßenden, kläglichen Raum, sitzen gewöhnliche, unauffällige Menschen – doch jeder hat ein solches magisches Büchlein in der Hand. Das ist ein ganz wundersames, übersinnliches Ereignis.

Schlimm kann es werden, wenn dir mitten im Jahr das Notenbüchlein verlorengeht. D. hatte es in einem Klassenzimmer liegengelassen, nur für fünf Minuten. Aber als er totenblaß zurückeilte, war es wie vom Erdboden verschluckt. Die Schülerschaft tat unwissend. D.s ganzer

Lehrerfolg war in Frage gestellt. Zwar konnte er sich noch undeutlich erinnern, daß er unterrichtet hatte, und was das gewesen war, ließe sich zur Not aus den Lehr- und Tagebüchern zusammenreimen. Aber von den Noten, die im Büchlein notiert waren, hatte er nicht den geringsten Schimmer.

In dieser prekären Situation kam D. der geniale Einfall, der Schülerschaft auszumalen, wie er die Noten aus dem Gedächtnis rekonstruieren müsse. Er deutete auf diesen und jenen Schüler und ordnete ihnen die Noten zu, bis auch dem dümmsten klar wurde, daß unter solchen Umständen die halbe Klasse nicht versetzt werden würde. Die Schülerschaft beteuerte, alles in ihrer Macht Stehende zu tun, um das Notenbüchlein wieder herbeizuschaffen, das D. wahrscheinlich nur verlegt habe.

Nach diplomatischem Sprachgebrauch war das ein deutliches Verhandlungsangebot. D. erklärte, er wolle noch einmal gründlich im Lehrerzimmer suchen. Als er zurückkam, lag – o Wunder! – das Notenbüchlein wieder auf dem Tisch. Es sei nur so unglücklich hinabgefallen, daß es niemand gesehen habe, erklärten die Schüler treuherzig.

Schwieriger war der Fall, als R. sein Notenbüchlein verbummelt hatte und zwei Tage lang ohne es auskommen mußte. Schließlich fand es ein ehrlicher Schüler und gab es im Lehrerzimmer ab. R. konnte also seinen Unterricht fortsetzen, als wäre nichts geschehen. Erst mit der Zeit stellte sich heraus, daß das Notenbüchlein die Tendenz entwickelt hatte, manche Schülerleistungen rosiger zu sehen, als es R.'s Erinnerung entsprach.

Der fürchterliche Verdacht stieg in ihm auf, ein Unbefugter habe ein paar Noten aus der oberen Skala hinzugefügt, in einer perfekten, ununterscheidbaren Imitation der Handschrift. R. löste das Problem dadurch, daß er eine Reihe von guten Noten einfach strich. Das führte in einzelnen Fällen zu Wehgeschrei und Protesten, wenn R. eine frühere Prüfung mit gutem Ergebnis einfach nicht mehr anerkennen wollte. Aber sich am Notenbüchlein zu versündigen, ist eine besonders verwerfliche Tat, und die Strafe R.s traf Gerechte und Ungerechte gleichermaßen.

Trick Nr. 33

So erzieherisch wertvoll das Notenbüchlein auch ist, wenn du es mißbrauchst, wird es stumpf wie ein Schwert, das gegen jeden und alle geführt wird. Manche Kollegen sind in ihren Unterrichtsstunden nur damit beschäftigt, an ihrem roten Büchlein herumzufummeln. Nach anfänglichem Schrecken wird die Schülerschaft gegen jegliches Rot in Lehrerhand völlig immun. Nein, das Notenbüchlein mußt du einsetzen wie einen feurigen roten Blitz. Jeder von einem Blitz Getroffene wird, wenn er es überlebt hat, betonen, das Eindrucksvollste bei seinem Unglück sei das Überraschungsmoment gewesen.

Die kleine Pause

Die Fünf-Minuten-Pause, denkt man, sei eine verkleinerte, harmlosere Ausgabe der großen Pause. In der kleinen Pause sei also nur bescheidener Unfug möglich. Diese Ansicht ist völlig verkehrt. Die Kleinheit der Pause steht im umgekehrten Verhältnis zu der Größe des Schadens, der in ihr angerichtet wird. Wenn Schulen in Flammen aufgehen, geschieht das mit tödlicher Sicherheit in der kleinen Pause.

Die Schüler haben einen Adventskranz gekauft, vom eigenen Taschengeld, jeder hat dreißig Pfennig beigesteuert. Du betrittst das Klassenzimmer: ein zauberhaftes Bild! Die Jalousien sind herabgelassen, eine Kerze brennt, es duftet nach Tanne, Pfefferkuchen und Weihnachten. Und jetzt möchten die Schüler sogar noch ein frommes Lied anstimmen. Mit den Textkenntnissen hapert es zwar, der Textvortrag liegt so ziemlich in deiner Verantwortung. Aber alle summen und brummen artig mit, und am Ende mußt du die Tränen der Rührung niederkämpfen. Es sind doch gute Menschen!

Aber wie gänzlich anders sieht es am nächsten Tag aus, wenn du nach einer kleinen Pause in das Klassenzimmer trittst. Der Adventskranz brennt lichterloh! Der hölzerne Tisch ist schon ein wenig angesengt und der Wasserhahn weit weg. Da hilft nur eines: Du reißt das Fenster auf, ergreifst das Handtuch, packst das lodernde Ding und schleuderst es in den Schulhof. Eine schlimme Katastrophe ist noch einmal mit knapper Not abgewendet worden.

Zwar hätte das Feuergeschoß beinahe Z. getroffen, der heute später zum Unterricht kommt. Und Z. eilt sofort in das Klassenzimmer, um Rache zu üben. Aber du erklärst ihm den Sachverhalt, und als er erfährt, daß die Brandstiftung in der kleinen Pause erfolgte, ist ihm vieles klar, und du brauchst nicht mehr zu sagen.

Pyrotechnischen Experimenten frönt die Schülerschaft nur saisonal. Ein wenig vor Weihnachten und dann so richtig in der Faschingszeit. Da werden seit Silvester sorgsam gehütete Schätze in das Klassenzimmer und zur Detonation gebracht. Kleine, aber beliebte Ergänzungen sind Stinkbomben und Niespulver. Dann kann es dir nach einer kleinen Pause im Klassenzimmer durchaus so erscheinen, als wäre eine schlimme Schlacht entbrannt und die Gegner hätten Waffen eingesetzt, die bei anständiger Kriegführung nicht üblich sind. Jedenfalls ist das Klassenzimmer von einem fürchterlichen Qualm erfüllt, der dir die Tränen in die Augen treibt.

Das eigentliche Element der Schülerschaft ist jedoch das Wasser. Ich will nicht sagen, daß das Klassenzimmer nach jeder kleinen Pause überschwemmt ist, aber immerhin mit schöner Regelmäßigkeit. Wer erinnert sich nicht mit Genugtuung daran, wie er selber einmal als Schüler seinen schlimmsten Feind mit einem klatschnassen Schwamm in das Gesicht getroffen hat. Was gäbe man nicht dafür, wenn man im Konvent seiner Verachtung auf diese Weise Ausdruck verleihen könnte! Die Schülerschaft lebt sich also voll aus, und da ein einziger Schwamm für dreißig Personen nicht reicht, behilft man sich: Auch das geknotete Handtuch oder eine Mütze werden mit Wasser getränkt, und vollends sind mit Wasser gefüllte Plastiktüten von herzerfrischend-verheerender Wirkung.

So befriedigend der Umgang mit Wasser auch ist, die Schülerschaft läßt sich immer etwas Neues einfallen. Zu manchen Zeiten besinnt man sich waffentechnisch auf den Krampen. Das ist ein kleiner gefalteter Papierbolzen, der mit einem gespannten Gummi durch die Gegend geschossen wird. Die Wirkung ist mörderisch oder zumindest schmerzhaft.

Verglichen mit dem plumpen Wasserschwamm bedeutet der Einsatz des Krampens, daß die Schülerschaft die Keule beiseite gelegt hat und zum Florett greift. Jeder hat seine eigene Technik, den Krampen zu falten. Begabte Erfinder befestigen einen Spezialgummi an einer eigens konstruierten Minischleuder und gewinnen dadurch an Reichweite und Präzision. Andere vertrauen auf ein rasendes Flächenbombardement und haben zu Hause zweihundert bis dreihundert Krampen auf Vorrat produziert.

Wenn der Krampen regiert, ist das Betreten des Klassenzimmers gefährlich. Es empfiehlt sich für den Lehrer also, sein Kommen durch lautes Getöse anzukündigen und wie ein Nikolaus den Gang entlangzustampfen, bis er den Ruf des Wachpostens hört: »Er kommt!« Dann haben alle genügend Zeit, die Artillerie in den unterirdischen Silos verschwinden zu lassen.

Irgendwann ist es mit den Krampen wieder vorbei, meist weil sich ein Teil der Schülerschaft an die Lehrkraft wendet und sie mahnt, ihrer Fürsorgepflicht nachzukommen. Jemand zeigt auf eine gerötete Backe und verpetzt ohne weiteres den Missetäter. Man hat sich auch z. T. gegenseitig entwaffnet. Jedenfalls zeigt die Schülerschaft mehr Vernunft als der Rest der Menschheit: Sie hört auf, wenn es zu gefährlich wird.

Das heißt nun beileibe nicht, daß die Schüler die kleine Pause von jetzt an als Zeit des Friedens, der Besinnung und der stillen Einkehr betrachten. Die kleine Pause, so klein sie ist, hat es in sich. Sie ist von koboldhafter Unberechenbarkeit. Auch große, dicke Bücher könnten nicht vollständig aufführen, was alles im Schoße der kleinen Pause ruht.

Trick!

Trick Nr. 34

Es ist keineswegs ratsam, unmittelbar mit dem Gongschlag, also exakt am Ende der kleinen Pause, das Klassenzimmer zu betreten. Dann befindet sich der Vorgang, worin er auch bestehen mag, noch in voller Kraft. Umgekehrt empfiehlt es sich auch nicht, die kleine Pause zu sehr auszudehnen. Dann hat sich der Vorgang vielleicht schon zu einer unabwendbaren Katastrophe entwickelt. Es gibt aber einen Moment – und ihn zu erfassen, braucht es Erfahrung, Instinkt, ja einen sechsten Sinn –, in dem die Bosheit der Schülerschaft vorübergehend erschlafft. Da gilt es, entschlossen einzutreten und den Vorgang zu beenden.

Die Kunst am Bau

Es ist unklar, woher diese Formulierung stammt, wahrscheinlich aber aus der Tierkunde. Vielleicht haben scharfsinnige Zoologen bemerkt, daß z. B. die Anlage von Maulwurfshaufen keineswegs immer gleich ist, sondern daß sich manche Erdhügel durch die Eleganz der Linienführung von den anderen unterscheiden. Das nannte man ›Kunst am Bau‹. Der Begriff erwies sich auch für andere Disziplinen als unentbehrlich, und so übernahm man ihn für die Architektur.

Auf den ersten Blick mag es einem vorkommen, als wäre der Schul-Bau von der Kunst völlig unbehelligt geblieben. Der große Müllcontainer auf dem Schulhof und das Gebäude sind offensichtlich in demselben Konstruktionsbüro entworfen worden. Bei sorgfältiger Untersuchung aber stellt sich heraus, daß die Kunst am Bau auch an der Schule nicht ganz spurlos vorübergegangen ist.

In der Mitte des Schulhofes erkennt man einen Brunnen mit einer Figurengruppe. Kraft mächtiger Gönner im Gemeinderat ist seinerzeit ein heimischer Künstler ins Brot gesetzt worden. Man sieht deutlich, daß der Bildhauer von verschiedenen Vorstellungen hin und her gerissen wurde und sich nicht eindeutig für Flamingos, Eulen oder Giraffen entscheiden konnte, so daß die Fantasie des Betrachters in keiner Weise eingeengt wird. Auf die Schülerschaft wirkt das Kunstwerk ausgesprochen anregend, und immer wieder behängt sie es in nächtlichen Happenings mit Kleidungsstücken oder arbeitet auch mit Farben daran weiter. Dabei stößt sie allerdings auf die völlig konträre, nämlich statische Kunstauffassung der Schulleitung, nach der alles so bleiben soll wie am ersten Tag.

Neben der großen Eingangstür sind weitere Spuren der Kunst am Bau zu erkennen. In diesem Fall war der örtliche Keramiker mit einem lukrativen Auftrag bedacht

worden. Er hatte sich für wilde Rottöne entschieden, offensichtlich wollte er das Thema ›Die Pforten der Hölle‹ nachdrücklich vor Augen führen – und das ist ihm überzeugend gelungen. Nur mit tiefem Grauen schleicht man sich an der Feuerwand vorbei.

Innen dagegen ist alles in einem freundlichen, beruhigenden Grau gehalten: Sichtbeton, soweit das Auge reicht. Es heißt ja auch Kunst *am* Bau, innen weiß sich der Schulträger von jeglicher Verpflichtung frei. Kunst ist der äußere Schein, im Inneren soll die Atmosphäre ernst, klösterlich und keineswegs frivol sein.

Wenn es da nicht den alten Zeichenlehrer gäbe! Für ihn ist jede Betonwand eine Herausforderung, ein ›In-Frage-Stellen des Menschlichen‹, wie er sich ausdrückt. Wenn man ihn ließe, würde er mit seinen Jüngern und Bewunderern alles von oben bis unten bemalen. Hier muß die

Schulleitung mäßigend eingreifen. Der alte Zeichenlehrer (so alt ist er eigentlich gar nicht, aber eben älter als der junge) bekommt also ein paar Quadratmeter, direkt vor dem Zeichensaal. Hier kann er sich verwirklichen, und bald erheben sich an der Wand täuschend ähnlich Birken, so realistisch gemalt, daß man das Rascheln der Blätter zu hören glaubt. Auch dieses Kunstwerk übt eine mächtige Sogwirkung auf die Schülerschaft aus, die gerne in aller Heimlichkeit manches hinzufügt: Plötzlich lugt eine scheußliche Fratze zwischen den Stämmen hervor oder ein grellbunter Geier schwebt über den zarten Baumwipfeln. Dann ist der alte Zeichenlehrer einem Herzinfarkt nahe. Einen guten Teil seiner Freizeit muß er daransetzen, das Kunstwerk zu restaurieren und ihm seine ursprüngliche Unschuld wiederzugeben.

Der junge Zeichenlehrer (die beiden haben sich nicht viel zu sagen und halten einander insgeheim für Verräter an der Kunst) hat eine andere Ecke des Korridors zugewiesen bekommen. Hier realisiert er seine Konzepte. Auch ihm hat es der Baum angetan – aber wie anders sieht das aus! Da reckt sich ein Baumgerippe empor, das er und seine Anhänger zum Teil mit Mullbinden umwickelt haben. Der Stamm ist mit ranzigem Fett eingerieben. Man sieht deutlich, daß sich die Kunst fortentwickelt hat und daß zwischen der alten und der neuen Kunstauffassung Welten liegen. Komischerweise bleibt das Objekt des jungen Zeichenlehrers unbehelligt, immer müssen die Birken dran glauben!

Kunst am Bau gibt es also durchaus in der Schule, aber unbefriedigend ist es schon, daß sich die Kunst nur in ein paar Nischen einnisten darf. Alles sollte Kunst sein, das gesamte Leben! Dieser Ansicht huldigt die Schülerschaft, und so sucht sie das ganze Schulgebäude in Kunst umzuwandeln. Sie verwendet dabei nicht nur traditionelle Ausdrucksmittel wie Schnitzmesser und farbige Kreide, sondern auch durchaus avantgardistisch und auf der Höhe der Zeit – die Spraydose. Vor ihr ist keine Fläche sicher, und manchmal muß man sich fragen, wie der Künstler so hoch hinaufkommen konnte.

Die Motive sind vielfältig, aber immer genial vereinfacht, weil die Kunstausübung meist nächtlich, auf jeden Fall im geheimen erfolgt. Der junge Mensch bringt da zum Ausdruck, was ihn so bewegt. Meist sind es Darstellungen des eigenen oder des anderen Geschlechts mit seinen prägnanten Merkmalen. Oft besteht das Kunstwerk auch einfach aus Schriftzügen. Dann prangen vor allem englische ›four-letter words‹ an den Wänden, die keineswegs im Englischunterricht gelehrt worden sind. Signiert haben die Künstler nicht, und auch die Schulleitung kann trotz akribischer Untersuchungen die Urheberschaft nie feststellen. So ordnet sie eine Übermalung in gleichförmigem Betongrau an.

Trick Nr. 35

Viele Kräfte sind also am Werk, um der Kunst in und an der Schule zum Durchbruch zu verhelfen. Niemand erwartet, daß auch du mit der Spraydose herumläufst und mitwirkst. Nein, betätige dich da künstlerisch, wo du sowieso schon graphisch arbeitest – an der Tafel. Bemühe dich etwa, um ein Beispiel zu geben, im Englischunterricht darum, die Bedeutung der Vokabel ›horse‹ (ein durch und durch anständiges ›five-letter word‹) mit einer Zeichnung zu veranschaulichen. Du wirst auf Wohlwollen stoßen und Heiterkeit erregen. Zur Sicherheit empfiehlt es sich, nach Fertigstellung des Kunstwerkes laut zu wiehern, um allen Mißverständnissen zuvorzukommen.

Das Du

Man sollte meinen, die Verhältnisse an der Schule seien klar und übersichtlich. Es gibt vier Kasten: die Schulleitung, den Lehrkörper, die Schülerschaft und das Hilfspersonal, alle streng voneinander geschieden und in sich homogen. Die Wirklichkeit aber ist viel komplexer und verwirrend, und Schuld daran trägt vor allem eines: das DU.

Wer kennt das nicht: In geselliger Runde, wenn der Alkohol die Schamschranke gefährlich gesenkt hat, bietet einem der Sitznachbar, sonst ein widerwärtiger Patron, das DU an. Man ist versöhnlich gestimmt, schlägt ein, prostet ihm zu mit untergehaktem Arm – und am nächsten Morgen kommt der Katzenjammer. Da gibt es kein Zurück mehr zum schützenden SIE. Man ist für den Rest des Lebens an den anderen gekettet – zwei gottverdammte Galeerensklaven auf derselben Ruderbank.

Eine Perversion sei hier nur am Rande erwähnt: wenn die Schüler ihren Lehrer duzen. Das mag bei Abc-Schützen noch angehen, für die Katze, Teddybär und Mensch zur gleichen Kategorie gehören, bei älteren Jahrgängen muß ich dich, lieber Kollege, vor dieser Art von Kumpanei dringend warnen. Sie ist zwar bei ›Reformpädagogen‹ sehr beliebt (wenn du unter diesem Stichwort nachschlägst, wird dir der Grund sofort klar werden), aber wenn die Schülerschaft dem DU erst humorvolle, harmlose, später jedoch deutliche und kräftige Schimpfwörter beigesellt, wird auch der größte Menschenfreund unter den Lehrern zum eisigen SIE zurückkehren.

Daß je ein Lehrer den Hausmeister oder die Sekretärin geduzt hätte, davon habe ich noch nie gehört. Das wäre genauso wunderbar, wie wenn im Zoo der Eisbär das Wort an den Pinguin richten würde. Auch Sekretärin und Hausmeister wahren Distanz zueinander, und manchmal hat man geradezu den Eindruck, die Herrschaften müßten erst noch bekannt gemacht werden. Das rührt daher, daß die Sekretärin als Dienerin des Wortes in höheren Sphären schwebt, während der Hausmeister, der auch den Papierkorb im Sekretariat zu leeren hat, die Arbeit an der Schreibmaschine als höchst überflüssig betrachtet, denn irgendwann, das weiß er, landet jedes beschriebene Blatt im Müll.

In diesen Bereichen ist es also noch ganz einfach. Was aber empfindest du, wenn du hörst – und du willst deinen Ohren nicht trauen –, wie U. die Schulleitung duzt? Ist U. wahnsinnig geworden? Oder will er zwangspensioniert werden? Die Wahrheit ist, daß U. die Schulleitung bereits kannte, als sie noch ein einfacher Kollege war, ein Mensch wie du und ich – schwer vorstellbar, aber so ist es gewesen, und U.s Duzerei beweist das. Eine peinliche Angelegenheit bleibt es auf jeden Fall. Man kann verstehen, daß die Schulleitung den Kontakt zu U. auf das Allernotwendigste beschränkt.

Doch im Grunde ist auch das nur eine Kleinigkeit am Rande. Die entscheidende Rolle spielt das DU im Lehrerzimmer. Da wirkt es wie eine überschwengliche Umarmung oder ein scharfer Hieb. Du trittst ein als schüchterner Neuling und möchtest dich einem nach dem anderen vorstellen. Ein paar Kollegen stehen beieinander, das vertrauliche DU flattert zwischen ihnen hin und her wie ein freundlicher Vogel – und dann nehmen sie dich mit einem schneidenden SIE knapp zur Kenntnis, machen dir klar, daß du der Außenseiter bist, der Paria, der nie zu ihnen gehören wird.

Mit der Zeit findest du heraus, daß zwischen DU und DU ein großer Unterschied besteht. Es gibt verschworene Duz-Cliquen oder -Gangs, die mit Angehörigen anderer Banden nichts zu tun haben wollen und diese bis aufs Messer siezen. Wenn du schließlich glaubst, nun wüßtest du, wie wer zu wem steht (vielleicht hast du in einem komplizierten Diagramm die vielfältigen Beziehungen festgehalten), dann wird dir dämmern, daß manches SIE aus einem freundlichen Herzen kommt, während manches DU wie eine schallende Ohrfeige klingt – und auch so gemeint ist.

Trick Nr. 36
Irgendwann wird eine der rivalisierenden Banden versuchen, dich mit einem DU an sich zu binden. Das ist ein Moment von historischer Bedeutung. Du gewinnst mit einem Schlag fünf Freunde – und zwanzig Feinde. Auf die Freunde kommt es dabei weniger an, in Zeiten der Not ›gehen hundert auf ein Lot‹, das ist in Lehrerkreisen auch nicht anders als sonst in der Welt. Aber wen du dir als Feind einhandelst, darüber solltest du dir im klaren sein. Auf Feinde ist hundertprozentig Verlaß. Wenn dir also das Angebot zu gefährlich erscheint, tu freundlich lächelnd so, als wärest du ein wenig schwerhörig oder etwas begriffsstutzig – und sieze unbeirrt weiter.

Die SMV

Für den Abkürzungskundigen scheint der Fall klar zu sein: Die SMV ist der *S*port- und *M*otor-*V*erein der Schule, wobei der falsche Artikel stört (aber die Schüler lernen ja noch). In Wirklichkeit ist es die *S*chüler*m*it-, nun, beim Schlußwort gehen die Ansichten auseinander, die einen identifizieren es als -*v*erwaltung, die anderen als -*v*erantwortung. Der Grundgedanke ist einfach: Die Schüler, denen so viel Schönes völlig umsonst geboten wird, sollen auch ein wenig an der Bürde des Lebens mittragen, ein wenig die große Dankesschuld ihren geliebten Lehrern gegenüber abzutragen versuchen.

Man erwartet insgeheim von den gewählten Klassensprechern, dem von ihnen gebildeten Schülerrat und vom Schulsprecher, daß sie sich permanent und verantwortungsvoll den Kopf zerbrechen, wie sie sich mit einem Verwaltungsakt nützlich machen können. Wenn also die Schülerschaft darum bäte, in einer großen Putzaktion das Schulgebäude reinigen zu dürfen, würde das sofort von der Schulleitung genehmigt werden. Auch bei der Anfrage, ob es gestattet sei, in der Freizeit ohne Lohnforderung Wände des Schulgebäudes zu streichen, könnte man mit einem positiven Bescheid rechnen.

Aber leider, leider sucht die SMV ihre Selbstverwirklichung ganz woanders. Sie will eine Rock-Nacht! Im großen Stil natürlich, drei Rockbands, Ausschank von aufputschenden Getränken, Tanz auf allen Quadratmetern der Vorhalle und, wenn die Wogen hochschwappen, auch die Treppen hinauf, Grillwurst- und Schaschlikstände, ein sattes Eintrittsgeld von fünf Mark, das Ganze bis vier Uhr morgens, und die gesamte zahlungskräftige Jugend der Region ist eingeladen. Denn die Einnahmen braucht die SMV, um alles bezahlen und eine neue Rock-Nacht vorbereiten zu können.

Von dieser Vision ist die Schulleitung keineswegs begeistert, sei es, daß sie ganz andere Vorstellungen von einem gemütlichen Beisammensein bei Tanz und Musik hat, sei es, daß sie mit Schaudern an frühere ›Discos‹ zurückdenkt, also Veranstaltungen mit dröhnendem Grammophonlärm und absonderlichen Körperverrenkungen in grell zuckendem Licht. Folglich muß der Verbindungslehrer tätig werden. Seine Aufgabe gleicht der Quadratur des Kreises, denn sowohl Schulleitung als auch Schülerschaft sehen in ihm den Erfüllungsgehilfen ihrer Wünsche. Er soll, nach einem Gespräch unter vier Augen mit der Schulleitung, der Schülerschaft ihre Rock-Nacht wieder ausreden, während man umgekehrt von ihm erwartet, daß er das Festival wie ein Löwe verteidigt und durchsetzt.

Der Verbindungslehrer ist ein Genie. Er handelt einen Kompromiß aus: Rock ja, aber im kleinen Rahmen, und dafür soll die Schülerschaft an einem freien Nachmittag die Sportanlagen ausbessern und das Schulgelände reinigen. Dank erntet der Unterhändler von keiner Seite. Die Schulleitung will ja überhaupt keinen Rock und die Schülerschaft nicht so eine ›schlaffe Wamme‹, wie sie sich ausdrückt. Beide Parteien haben den Eindruck, vom Verbindungslehrer geleimt worden zu sein. Man macht sich mit Mißmut an die Realisierung der widernatürlich miteinander gepaarten Unternehmungen. Das Schulgelände und die Sportanlagen werden dabei zunächst ausgespart, denn Vorleistungen will die Schülerschaft nicht erbringen.

Also zunächst die Rock-Nacht. Nur eine einzige Band, und da man Eintrittsgelder nur von schulfremden Personen und zu allem Übel lediglich in einer Höhe von zwei Mark verlangen darf, sind die Musiker nicht von der ersten Garnitur. Drei Jüngelchen bearbeiten kraftvoll, aber völlig unmusikalisch Schlagzeug, E-Gitarre und Synthesizer. Eigentlich hört man nur ein dumpfes bumm – bumm – WAMM!, mehr läßt die mickrige Verstärkeranlage nicht zu. Die Musik ist lausig, ein paar Unbeirrbare tanzen dazu. Die Stimmung schlägt nicht gerade hohe Wellen, da man sich auch in der Getränkefrage dem Diktat der Schulleitung beugen mußte: Limonade gibt es, gelbe, grüne, rote, etwas für Kinder also. Und die Würstchen muß man kalt hinunterwürgen, denn die Schulleitung hatte feuerpolizeiliche Bedenken hinsichtlich des Grillofens angemeldet.

Stimmung kommt erst kurz vor Mitternacht auf, als ein paar professionelle Rocker, angeheitert und unternehmungslustig, mit verborgenen Bierflaschen unter den Lederjacken, die zwei Mark berappen und sich an die Girls heranmachen wollen. Da ist es der SMV hoch anzurechnen, daß sie, im Verbund mit den aufsichtführenden Lehrern, diese störenden Elemente wieder zur Tür hinausdrängt. Einige Flüche, Bierflaschen zersplittern an der Wand – dann sind die Typen wieder weg. Die SMV beschließt, die Rock-Nacht zu beenden.

Es bleibt nur hinzuzufügen, daß die Reinigungs- und Ausbesserungsaktion vom gleichen Schwung wie die Rock-Nacht getragen wurde. Schulgelände und Sportanlagen sahen hinterher auch nicht anders aus als vorher.

Trick Nr. 37
Probleme mit der SMV ergeben sich selten aus ihrem dynamischen Aktionsdrang, viel eher aus ihrer Lethargie. Das kann so weit gehen, daß man ihre Existenz gar nicht mehr wahrnimmt: Sie scheint sanft entschlafen zu sein. Deshalb solltest du unentwegt aus freien Stücken Wiederbelebungsversuche unternehmen. Vielleicht gibst du den Anstoß zu einer herrlichen gemeinsamen Aktion, bei der Schülerschaft, Kollegium und Schulleitung an einem Wochenende ausziehen, um kleinen nützlichen Kröten

bei der Überquerung einer vielbefahrenen Straße behilflich zu sein. Du bist der Held des Tages – und wirst als heißer Kandidat für das schwere Amt des Verbindungslehrers im nächsten Schuljahr gehandelt.

Der Kleiderbügel

Vielleicht glaubst du, lieber Kollege, über einen so un-
bedeutenden Gegenstand wie den Kleiderbügel lasse
sich nichts Bedeutendes sagen, und schon gar nicht in
einem Ratgeber wie diesem, in dem es um die letzten
und tiefsten Dinge des Lehrertums geht. Tatsächlich
spielt der Kleiderbügel in der Garderobenecke des Lehrerzimmers, denn davon soll hier die Rede sein, während der warmen Jahreszeit überhaupt keine Rolle. Vielleicht hängt einmal ein Regenmantel dort, sonst ist in
der Ecke nichts los.

Die Tücke des Objekts offenbart sich jedoch, wenn es
kälter wird und sich die Lehrerschaft vor Unterrichtsbe-
ginn erst von allerlei Hüllen befreien muß. Da stellt sich
heraus, jedenfalls für die später Kommenden, daß die
Zahl der Kleiderbügel nicht ausreicht. Der Schulträger
hat die Gelegenheit dankbar wahrgenommen, auf dem
Kleiderbügelsektor kräftig einzusparen. Zwar wäre das
für einen englischen Lehrer überhaupt kein Problem. Er
würde das Stück Tuch einfach zu einem Ballen zusam-
menrollen und irgendwohin stopfen, zwischen zwei
Schränke oder unter seinen Stuhl. Weil nun aber der
Deutsche, und erst recht in seiner Ausprägung als Lehrer
und Beamter, die Ordnung und Ordentlichkeit geradezu
verkörpert, muß jedes Kleidungsstück auf einen Bügel,
um sich dort in aller Ruhe von störenden Falten befreien
zu können. Da beginnen nun die Probleme.

Gewiß, es wäre ein Leichtes für das Kollegium, den Bü-
gelbestand auf Sollstärke zu bringen. Die Kosten wären so
gering, daß sie selbst O. als Bausparer tragen könnte. Ja,
Bügel bekommt man sogar beim Kleiderkauf geschenkt,
und mit etwas Glück läßt sich bei der Sperrmüllabfuhr ein
Dutzend altmodischer, aber durchaus funktionstüchtiger
Kleiderbügel aufspüren. Eine Frage des Geldes ist es also

nicht. Es ist eine Frage des Prinzips, des Stolzes, der Ehre! Einen Kleiderbügel für jede Lehrkraft zur Verfügung zu stellen, dazu ist der Arbeitgeber verpflichtet und damit basta!

Da kommt I. völlig korrekt erst zur zweiten Stunde. Von Rechts wegen steht ihm der dritte Kleiderbügel von links zu. Woher dieses Recht stammt, weiß man nicht. Es ist ein uraltes Gewohnheitsrecht. Und nun hat ein grüner Lodenmantel von eben diesem Kleiderbügel Besitz ergriffen. Man bedenke, was da I. zugemutet wird! Er, der beide Dienstprüfungen zwar nur knapp, aber dafür vor vielen Jahren bestanden hat, soll einem solchen Schnösel wie G. (denn dem gehört der Lodenmantel) weichen! I. nimmt also das Kleidungsstück und – man beachte seine Selbstbeherrschung – wirft es nicht einfach auf den Boden, sondern legt es einen Bügel weiter über einen Ledermantel. Dann hängt er seinen eigenen Mantel an den angestammten Platz.

Doch damit beginnt erst das Unheil. Q., der Besitzer des Ledermantels, der viel Geld für sein modisches Objekt ausgegeben hat und dieses auch gebührend zur Geltung bringen möchte, will mit primitiven Trachtenträgern nichts zu tun haben und hängt mit spitzen Fingern das grüne Unding wieder zurück – über J.s kariertes Tuch.

I. prüft, von einer bösen Ahnung getrieben, die Kleidersituation nach der dritten Stunde und ist einem Schlaganfall nahe. Natürlich argwöhnt er reine Bosheit. Wenn er den Lodenmantel nun bloß auf einen leeren Stuhl pfeffert, ist diese Maßnahme aus seiner Sicht als gemäßigt zu betrachten. Der Lodenmantelbesitzer jedoch – lieber Kollege, erspare mir, den Gang der Dinge weiter zu beschreiben. Es gibt Tage, an denen man sich nur schwer auf den Unterricht konzentrieren kann, weil man ständig von Angstvorstellungen geplagt wird, was wohl gerade in der Garderobenecke passiert.

Nun weichen manche Kollegen der ehrlichen Konfrontation aus und bringen doch noch eigene Kleiderbügel mit. Der liebevoll mit brauner Wolle umhäkelte z. B. gehört Frau S. Aber gerade dieser persönliche Gegenstand reizt manche Kollegen zur Untat, und sie nehmen ihn skrupellos für sich in Anspruch. Dann muß Frau S. ihren eigenen Bügel mit einer unverschämten Person teilen, was ihr den ganzen Tag verdirbt.

Irgendein Mensch ohne Prinzipien hatte einmal einen Arm voller Drahtbügel, wie man sie von Reinigungsbetrieben bekommt, mitgebracht und in die Ecke gehängt. Damit wäre das Problem gelöst gewesen, und die Stimmung war vorübergehend lustlos, da der belebende Kleinkrieg in der Garderobenecke nicht weitergeführt werden konnte. Zum Glück erwiesen sich die Drahtgebilde als untauglich, und nachdem ein heikler Kamelhaarmantel und eine Kaninchenfelljacke in den Dreck gefallen waren, schleuderte F., der zum Jähzorn neigt, alle Drahtbügel in den Papierkorb, wo er sie mit dem Fuß zu einem gräßlichen Klumpen zusammenstampfte.

Das war im Januar, und bis März konnte der Kampf um die Bügel weitergehen. Mit steigenden Temperaturen im April war es damit aus. Man mußte notgedrungen zur Austragung von Feindseligkeiten auf andere Gebiete ausweichen. Die Kleiderbügel gerieten vorübergehend in Vergessenheit.

Trick Nr. 38
Natürlich könntest du deinen Mantel einfach im Auto lassen. Aber das würde man als Zeichen der Feigheit deuten. Deswegen mutig mitmachen, lieber Kollege! Immer drauf mit deinem Mantel und weg mit dem feindlichen Stück. Nur so kannst du die zähneknirschende Achtung der Kollegen erringen. Wenn du dir einen Spezialfeind

schaffen willst – eine richtige Feindschaft ist eine herrliche Würze im faden Leben –, dann suche dir immer dasselbe Opfer: diesen widerwärtigen mausgrauen Mantel, den du unermüdlich mit deinem Tuch zudeckst.

Die Strafarbeit

Die Strafarbeit wurde in den deutschen Schulen bereits im 18. Jahrhundert abgeschafft oder spätestens im 19., denn in unserem, dem glorreichen 20., kennt man den Begriff nicht mehr. Es ist nämlich ein abscheulicher Frevel, Kinder, die voller Lerneifer in die Schule drängen, wegen kleiner Unachtsamkeiten zu bestrafen und ihnen dadurch die Freude am Unterricht zu vergällen. Nein, es muß mit reiner Güte und Appellen an die Vernunft gelingen, die Arbeitsmoral auf einem hohen Stand zu halten.

So denkt N., und deswegen erleidet er permanent Schiffbruch. Die Arbeitsmoral sinkt in seinen Stunden scharf ab. Die Schülerschaft erholt sich bei ihm vom Streß der übrigen Veranstaltungen durch Plaudereien, Lektüre von Hifi-Magazinen, Abhören von Cassetten über die mitgebrachten Walkmen und an den hinteren Tischen auch mit Kartenspiel. Alles in Zimmerlautstärke, denn man will es mit N. nicht verderben, diese Stunden der Entspannung hat die Schülerschaft fest in ihr Tagesprogramm eingeplant. Irgendwie erreicht N. sogar seine Lernziele, denn das eine oder andere Wort seiner Ausführungen findet wunderbarerweise einen Weg in die Köpfe.

Doch N. ist ein Extrem. Er verkörpert eigentlich schon das 21. Jahrhundert oder vielleicht sogar das 24., in dem das Lernen wahrscheinlich osmotisch oder subkutan, auf alle Fälle ohne jede Anstrengung und Ablenkung von wichtigen Dingen erfolgen wird.

Die übrigen Kollegen fühlen sich eher dem 17. Jahrhundert verbunden. Natürlich gibt es bei ihnen keine Strafarbeiten mehr, aber doch immerhin ›Zusatz‹-, ›Sonder‹- oder ›Extraaufgaben‹, je nach Sprachgebrauch. Eine solche Aufgabe ist nicht als eine Ehrung sehr tüchtiger Schüler zu verstehen. Die Ankündigung der Arbeit soll

sich vielmehr wie eine schwere innere Last auf Unruhe-
stifter und Störenfriede senken und sie für den Rest der
Stunde lähmen.

Die Art der Zusatzarbeiten ist unterschiedlich. Sehr
gerne wird das Abschreiben von Lehrbuchseiten ange-
ordnet. Diese Therapie läßt sich bis in das 17. Jahrhundert zurückverfolgen und weiter bis zu den Anfängen
des Schreibens im alten Mesopotamien, wobei das damals – ich betone ausdrücklich den Unterschied – ge-
danken- und sinnlose Strafarbeiten waren, während es
sich heute um wohlüberlegte erzieherische Maßnahmen
handelt.

Natürlich kann man auch über das Ziel hinausschie-
ßen. Als sich W. vom Reform- zum Standardpädagogen
mauserte, entwickelte er in einer Unterrichtsstunde aus
dem Stegreif eine Methode der Arbeits-Verschärfung,
die er nach einmaliger Anwendung wieder aufgab. Ein
schwätzender Schüler wurde zum Abschreiben einer
Seite verdonnert, was den anderen so harmlos vorkam,
daß W. die Abschreckung steigern mußte. Der nächste
müsse das Doppelte abschreiben, der folgende das
Doppelte des Doppelten, und so ging das munter weiter, bis sich ein Schüler mit der Zusatzaufgabe konfron-
tiert sah, 2048 Seiten bis zum nächsten Tag zu kopieren.
Aber W. hat dazugelernt und operiert heutzutage mit
drei bis vier Seiten.

Der Sinn solcher Zusatzaufgaben liegt auf der Hand:
Der Schüler treibt sich nicht auf der Straße herum, steigert seine Schreibgeschwindigkeit, hat das Lehrbuch
wenigstens einmal aufgeschlagen – und überlegt sich
gut, ob er sich in der nächsten Stunde danebenbeneh-
men will.

Der Deutschlehrer allerdings hält von solchen rein
mechanisch-motorischen Aufgaben gar nichts. Für ihn
muß die dämpfende Maßnahme mit Sinn erfüllt sein.
Und was eignet sich da besser als das Auswendiglernen
von langen Balladen? Die Schülerschaft gewinnt den

Eindruck, daß besonders der Dichter Friedrich Schiller ein unversöhnlicher Kinderfeind gewesen sein muß und es darauf abgesehen hatte, quälende Sonderaufgaben für die Schule zu verfassen.

Der Chemielehrer verhängt Sonderaufgaben immer dann, wenn eine Reinigung von Gläsern und Apparaten unumgänglich ist. Solche Aufgaben übernehmen die meisten Schüler ohne Murren, denn die Tätigkeit ist oft mit erheiternden Überraschungen verbunden, wie der Entwicklung von Tränengas bei Wasserzugabe oder dem Auftreten von kleinen, harmlosen Verpuffungen.

Am unbeliebtesten sind die Extra-Aufgaben, die sich M. einfallen läßt. Er betrachtet sie als wertvolle Ergänzungen des Unterrichts, nennt sie ›Referate‹ – und der arme Teufel, der zu referieren hat, muß Bücher wälzen, um über ein Detailproblem, das M. brennend, die Schülerschaft aber überhaupt nicht interessiert, zehn Minuten lang Auskunft zu geben.

Nein, wenn schon Straf-, Pardon: Sonderarbeiten, dann etwas, bei dem man nicht denken muß. Deswegen ist das Abschreiben nicht gerade beliebt, doch man nimmt es hin wie die Maul- und Klauenseuche: lästig, aber im allgemeinen haut es einen nicht um. Vor allem kann man das Abschreiben in seine Arbeitsplanung einbeziehen. Der Schüler K. zum Beispiel, der sich beim Religionslehrer kleine Freiheiten herauszunehmen pflegte und deswegen schon die Schöpfungsgeschichte, den Sündenfall und beträchtliche Teile der Geschichte der Kinder Israel abgeschrieben hatte, war als vernünftig denkender Mensch davon ausgegangen, daß sich die kommenden Sonderarbeiten auf die weiteren Bücher des ihm vertrauten Autors Moses beziehen würden. In Zeiten der Muße hatte er sicherheitshalber 25 Seiten im voraus kopiert, um im Unterricht gehörig auf den Putz hauen zu können. Ein Drittel des nächsten Schuljahres hatte er somit bereits abgesichert – welch ein Schock war es für K., als der Klasse eine neue Lehrkraft zugewiesen wurde, die das Auswendiglernen bevorzugte!

Trick Nr. 39

Als überaus wirkungsvoll haben sich Sonderarbeiten erwiesen, die den betroffenen Schüler mit völliger Mutlosigkeit erfüllen wegen ihres riesigen Umfangs. Nach schrecklichen zehn Minuten gibst du jedoch dem Missetäter – und hier sieht man die Weisheit der modernen Pädagogik – Gelegenheit, das Ausmaß der Aufgabe durch gute Mitarbeit in eben dieser Unterrichtsstunde zu verringern. Der Mensch wird sich wie ein Besessener zu Worte melden – und am Ende ist er auf Null: keine Sonderarbeit mehr, er muß nichts schreiben, du nichts korrigieren. Ihr scheidet in herzlichem Einvernehmen.

Die Entschuldigung

Zu einer Entschuldigung ist der Schüler verpflichtet, wenn er den Unterricht versäumt hat. Der Begriff bringt unmißverständlich zum Ausdruck, daß der Mensch Schuld auf sich geladen hat. Eigentlich sollte er nie fehlen, und wenn er es dennoch tut, ist es eine schlimme Verfehlung, eine Versündigung an der Schul- und Seinsordnung. Eine Entsühnung wäre wohl eher angebracht, aber das klingt zu sehr nach Blutopfer, und so begnügt man sich mit der Entschuldigung.

Sie sollte sofort oder spätestens ›am Morgen des dritten Tages‹ erfolgen (klingt das nicht wie aus dem letzten Akt einer Schicksalstragödie?). Dabei genügt es keineswegs, wenn der Schüler ins Telefon röchelt: »Bin krank. Kann nicht zur Schule kommen.« Eine solch ernste Angelegenheit erfordert eine Stellungnahme des Erziehungsberechtigten, und zwar in schriftlicher Form.

Aber was flattert einem da nicht auf den Tisch! Derzeit wütet die Hongkong-Grippe in der Stadt, und die Klasse ist stark dezimiert. Im Tagebuch liegt ein Wisch, ohne Datum, mit unleserlicher Unterschrift und der lakonischen Mitteilung: ›Mein Sohn ist krank.‹ Welcher Sohn? Wann ist das Ereignis eingetreten, und wie lange wird es dauern? Befand sich die ›Entschuldigung‹ schon ein Jahr in der Einsteckfalte des Tagebuchs, und will sie ein Tunichtgut für seine trüben Zwecke mißbrauchen?

Du hältst den Zettel hoch und verliest dann die Botschaft. Wer könne damit gemeint sein? R. nimmt sie für seinen guten Freund B. in Anspruch, während F., der vor einer Woche gefehlt und immer noch keine Entschuldigung beigebracht hat, eiskalt behauptet, das stamme aus seinem Elternhaus. Nach langer kriminalistischer Nachforschung und graphologischer Untersuchung findest du schließlich heraus, wessen Schuld mit dem Schrieb angezeigt wurde. Du kannst den Menschen freisprechen und ein ›e‹ hinter seinen Namen im Tagebuch setzen.

Manche Entschuldigungen sind von makelloser Form: Büttenpapier, gedruckter Briefkopf, saubere Schreibmaschinentypen, professionelles Lay-out – solche Schreiben bereiten einen ästhetischen Genuß und sollten gerahmt ins Foyer gehängt werden, als Vorbild und Muster. Allerdings steigt in dir bei längerem Betrachten ein leiser Argwohn auf. Irgend etwas an der Unterschrift erscheint dir komisch. Schwungvoll ist sie, gewiß, aber an manchen Rundungen erkennst du ein Zögern, als hätte der Signierende kurzfristig vergessen, wie es weitergeht, und wäre genötigt gewesen nachzusehen. Du vergleichst den Schriftzug mit dem im Zeugnisheft: in der Tat eine plumpe Fälschung! Da wollte sich dieses Schlitzohr den Freispruch erschleichen und ergaunern! Von Entschuldigung kann keine Rede sein, das ist doppelte und dreifache Schuld, schwärzeste Sünde.

Bei den älteren Schülern ergeben sich andere Problme: Sie dürfen sich selber entschuldigen, und es wäre doch gelacht, wenn sie mit diesem Privileg nicht Schindluder treiben würden! Sie haben ein Formular ›erarbeitet‹, auf dem der Schuldige ankreuzen kann: ›Ich hatte Bauch/Kopf/Zahnweh.‹ – ›Mein Fahrzeug brach unterwegs zusammen.‹ – ›Meine Großmutter ist gestorben.‹ usw. usf. Die Schulleitung ordnet sofort eine Konfiskation der Formulare an, die zu allem Hohn mit dem Vervielfältigungsapparat der Schule und auf schuleigenem Papier gefertigt worden sind, das man der SMV überlassen hatte. Jeder Schüler muß also wieder seinen persönlichen, individuellen Text verfassen, aber es ist deutlich zu erkennen, daß sich viele an die vorfabrizierten Formulierungen erinnern.

Eines erscheint im Entschuldigungswesen der Schule unbegreiflich: daß die Lehrkraft weitgehend davon ausgenommen ist. Sie hängt sich ans Telefon, teilt kurz mit, daß mit ihr in den nächsten drei Tagen nicht gerechnet werden könne, ein böses Fieber brenne in den Adern. Aus, Schluß. Kein Brief, kein Stempel, keine Beglaubigung. Wenn dann Hunderte von Schülern unbelehrt dasitzen und mühsam mit allerlei beschäftigt werden müssen, nimmt die Größe der Schuld gigantische Maße an. Wie will der Lehrer das wiedergutmachen? Und nützt er das Vertrauen der Behörde nicht schamlos aus? Vielleicht geht es ihm blendend, und er schwänzt einfach die Schule wie einer seiner geringsten Schüler!

Zur Rettung der Lehrerschaft sei gesagt, daß die Zahl ihrer Krankmeldungen keineswegs über dem Durchschnitt der Bevölkerung liegt, sondern erfreulicherweise darunter. Dafür sorgt ein einfacher Mechanismus: die unerbittliche Folge der Klassenarbeiten. Diese müssen in regelmäßigen Abständen geschrieben werden, und wer einen festgelegten Termin verpaßt hat, gerät in ein höllisches Gedränge. Die Kollegen blockieren mit ihren Terminen die kommenden Wochen, die Schüler beginnen bereits wieder zu vergessen, was sie noch gar nicht gelernt haben, und der zu behandelnde Stoff wächst zu einem finster drohenden Berg.

Kein Wunder, daß sich K. einst mit einem rasselnden Husten, hohem Fieber und einer fürchterlichen Rotznase in die Anstalt schleppte. Zwar infizierte er bei seinem heroischen Auftritt die halbe Schule, so daß die Produktion von Entschuldigungen explosionsartig anstieg. Aber seine Klassenarbeit hatte er im Kasten, und darauf kam es schließlich an.

Trick Nr. 40

Als Klassenlehrer bist du verpflichtet, bei jedem Fehlen eine Entschuldigung zu fordern und einzutreiben. Ein elendes Geschäft. Eine Sisyphus-Arbeit. Denn eben hast du nach vielen Mahnungen und Drohungen ein

Dokument erhalten, da fehlt schon das nächste. Mache dir ruhig in bestimmten Fällen die Mühe, die Eltern eines bestimmten Schülers anzurufen. Da wirst du manchmal Erstaunliches erfahren: Sohn bzw. Tochter seien ordnungsgemäß am Morgen mit Tasche und Büchern in Richtung Schule losgezogen und pünktlich mittags zurückgekehrt ... Wenn es sich bei den Schülern herumspricht, daß du es so ernst mit deiner Fürsorgepflicht nimmst, werden sie das damit honorieren, daß sie ihre Entschuldigungen termingerecht beibringen. Jedenfalls wird deine Erfolgsquote sehr hoch sein.

Das Raucherzimmer

Raucher unter den Lehrern sind fröhliche Menschen. Wenn du das nicht glauben willst, lieber Kollege, gehe einfach in der großen Pause am ›Raucherzimmer‹ vorbei. Daß da gute Stimmung ist, hörst du schon von weitem. Und dann tritt, um dir den Unterschied klarzumachen, in das Hauptlehrerzimmer, das jetzt vollständig den Nichtrauchern vorbehalten ist: Grabesstille, die nur gelegentlich von Räuspern und Papierraschen unterbrochen wird.

Ob der von Natur aus fröhliche Mensch zur Zigarette greift oder ob diese erst die Fröhlichkeit hervorruft, ist schwer zu entscheiden. Auf jeden Fall läßt das kleine weiße Ding, an dem der Raucher herumfummelt, das Gefühl entstehen, man gehöre einer verschworenen Gemeinschaft an. So ist es schon in den Anfängen gewesen, als die Pueblo-Indianer in ihre Kiwas, d. h. ihre unterirdischen Raucherzimmer, hinabstiegen, um dort vermutlich über Gott, Welt, Politik und Weiber zu palavern.

Dem können die Nichtraucher nichts Gleichwertiges entgegensetzen. Der eine verdrückt einen Apfel, der andere eine Banane, der dritte ein Leberwurstbrot. Das geht ruckzuck, und wenn man damit fertig ist, kann man nicht wieder von vorne anfangen. Zehn Bananen/Äpfel/Leberwurstbrote hintereinander – da müßte man den Appetit und die Konstitution eines Pferdes haben. Der Raucher dagegen steckt sich ganz souverän eine Zigarette nach der anderen an, und wenn die große Pause wirklich groß wäre, käme er leicht auf 40 bis 50 Einheiten. Überdies: Was haben sich der Mann mit dem Leberwurstbrot und die Dame mit dem Apfel zu sagen? Nichts. Die Dinge in der Hand signalisieren unvereinbare Weltanschauungen.

Ja, die Raucher sind ein Volk für sich. Oder vielmehr ein Völklein, denn das große Zeitalter des Rauchens gehört der Vergangenheit an. In Wirklichkeit sind sie eine Minderheit auf der Flucht. Vielleicht ist ihre Fröhlichkeit nur eine Art Galgenhumor. Vielleicht kommt bald der Tag, da der letzte Raucher an der Schule in die Besenkammer verbannt wird.

Das Lehrerzimmer, das die Raucher früher wie selbstverständlich vollqualmten, mußten sie schon längst räumen. Sie bekamen eine Ecke im Mehrzweckraum zugewiesen: Neben übereinandergestapelten Stühlen und verstaubten Kulissen der Theater-AG rauchten sie weiter. Den Theatervorhang hatten sie zugezogen, um den Raum zu verkleinern und ihm ein wenig Intimität zu verleihen. Das ganze Arrangement hatte etwas Konspiratives an sich, als träfen sich dort Revoluzzer, um den großen Schlag vorzubereiten. Auch an die Zeiten der Prohibition in Amerika fühlte man sich erinnert. Bei einer Razzia würden sie die Kippen unter die Stühle werfen und durch eine Tür hinter dem Vorhang türmen. Allgemein hielt man die Tage der Raucher für gezählt. Bald würde sich das Ganze in Qualm auflösen.

Weit gefehlt! Aus dem Untergrund heraus setzten die Raucher zum Angriff an und erreichten bei der Schulleitung, daß ihnen ein wenig gebrauchtes Gerätezimmer überlassen wurde. Dort stand eigentlich nur Gerümpel: ein Skelett mit fehlenden Teilen, ein vorsintflutlicher Globus, Wandkarten, die den Besitz von deutschen Kolonien in Afrika und China vorgaukelten, und dergleichen mehr.

Ein Stoßtrupp der Raucherfraktion räumte in einer Nacht-und-Nebel-Aktion das Zimmer, ehe sich die Gegner versahen, und strich die Wände in einem fahlen Nikotingelb. Dann nisteten sich die Raucher ein und erklärten das Terrain für besetzt: das sei das ›Raucherzimmer‹. Betreten auf eigene Gefahr.

Ja, so ist die Situation heute. Den tollsten Coup der Raucher habe ich noch gar nicht erwähnt: die Möblierung. Rauchertischchen in Nierenform, Schleuderascher

und ein alter Grundig-Radioempfänger mit Elfenbeintasten und dem grünen magischen Auge, also Kostbarkeiten aus den fünfziger Jahren. Dazu als Krönung weinrote Cocktailsessel! Das war ein Tiefschlag, von dem sich die Nichtraucher in ihrer Fantasielosigkeit und Passivität noch immer nicht erholt haben.

Die Atmosphäre im Raucherzimmer ist wirklich fantastisch. Wenn du die Tür öffnest (vielleicht brauchst du etwas von einem rauchenden Kollegen), kannst du zunächst gar nichts erkennen. Es ist wie auf dem Höhepunkt einer Wagner-Oper: Das wallt und wabert, und wenn aus dem Nebel Wotan mit Hörnerhelm und dem Raben auf der Schulter träte, würdest du dich nicht wundern. Mit der Zeit vermagst du Einzelheiten auszumachen: Rot leuchten die Rundungen der Polstersessel aus dem wogenden Qualm wie lockende Verheißungen. Hast du dich in ein dubioses Etablissement verirrt? Aber nein! Da sitzen dir vertraute Damen und Herren gemütlich beieinander, reden und lachen und rauchen wie die Schlote.

Trick Nr. 41

Da du, lieber Kollege, statistisch gesehen eher ein Nichtraucher bist, erhebt sich für dich die Frage, wie dem Raucher taktvoll zu begegnen sei. Denn glaube mir, hinter seiner äußeren Fröhlichkeit verbirgt er eine abgrundtiefe Melancholie. Er weiß, daß er der Sklave einer erbärmlichen kleinen Sucht ist, und verwünscht sich jeden Tag dafür. Wenn du also etwas mit ihm zu besprechen hast, so suche ihn nicht am Ort seines moralischen Versagens auf: im Raucherzimmer. Passe ihn auf dem Gang ab, wo er dir einigermaßen gerade in die Augen sehen kann.

Der Unterricht nebenan

So gut man die Kollegen in ihrer äußeren Erscheinung kennt, über ihren Unterrichtsstil weiß man nichts. Denn wenn sie unterrichten, tut man es auch. Natürlich könnte man in einer Hohlstunde zur Hospitation eingeladen werden, aber das ist nicht üblich. Niemand will sich in die Karten sehen lassen. Jeder hat seine besonderen Tricks (oder Schwächen), über die er Stillschweigen bewahren möchte.

Doch ganz unbemerkt kann keiner tätig sein. Denn es gibt ja den Unterricht nebenan. Nicht daß man den Kollegen bei seiner Tätigkeit sehen könnte, das ist trotz der kostengünstigen Leichtbauweise, für die sich der Schulträger entschieden hat, nicht möglich. Aber hören kann man allerlei und gewinnt dadurch ein recht plastisches Bild von der nachbarlichen Pädagogik. Nicht immer, das sei hier zugegeben. Denn wenn man selber lehrt, dringen zuallererst die eigenen Geräusche an die Trommelfelle. Auch die Schülerschaft sorgt immer für einen gewissen Geräuschpegel, so daß man oft einen niedrig vorbeidonnernden Düsenjäger nur als optisches Zeichen wahrnehmen kann.

Nein, der Unterricht nebenan entfaltet sich eigentlich erst während der Klassenarbeit, bei der die Schülerschaft in stillem Nachdenken versunken ist. Am deutlichsten erlebt man dann den Musikunterricht. Wie sehr sind die Schüler zu bedauern, deren Klassenzimmer sich direkt neben dem Musiksaal befindet! Jede Klassenarbeit, die hier geschrieben wird, erhält eine Begleitung durch die Werke von Carl Maria von Weber, Jean-Baptiste Lully oder gar Arnold Schönberg, ganz zu schweigen vom unermüdlich plätschernden Pianospiel des Musiklehrers. Es ist noch nicht bekanntgeworden, daß ein Schüler unter diesen Umständen die Beherrschung verloren hat, doch irgendwann wird einer mitten in der Klassenarbeit aufspringen, nach drüben eilen und wie ein Amokläufer mit seinem Füllfederhalter um sich stechen.

Die neueste Entdeckung und Leidenschaft des Musiklehrers ist der Kasatschok, ein schwungvoller slawischer Tanz, den er nicht nur voller Begeisterung auf dem Klavier vorspielt, sondern auch ausführen läßt. Man hört die Tänzer hin und her schlurfen, dann Stille – und plötzlich stampfen alle gleichzeitig auf. Das Schulgebäude erbebt bis in die Grundfesten, und auch dem robustesten deiner Schüler ist jeglicher Gedanke entfallen. Beim Kasatschok mußt du deine Planung radikal umstellen: sofort aufhören mit der Klassenarbeit und hoffen, daß sich der Musikunterricht in den kommenden Wochen wieder mehr der Theorie zuwendet.

Wenn T. nebenan unterrichtet, ist man überrascht. Unterhält man sich mit ihm, spricht er eigentlich wie ein normaler Mensch. Doch nun erinnert sein Vortrag an den eines singenden, näselnden Muezzins, der mit seiner Stimme auch die Gläubigen in drei Kilometer Entfernung erreichen will. Wenn man von nebenan in regelmäßigen Abständen vernähme: ›Allah ist groß, und T. ist sein Prophet!‹, würde man sich nicht wundern. Zwar sind T.s Lehrgegenstände profaner Natur, aber durch sein Rezitativ gibt er zu erkennen, wie wichtig ihm ist, was er zu sagen hat.

G.s Unterricht dagegen, als Hörspiel dargeboten, gleicht einem Naturereignis. Ein dumpfes, anschwellendes Grollen, das die Schülerschaft produziert, wird von einem fürchterlichen Donnerschlag unterbrochen. Das ist G., der erfolgreich für Ruhe gesorgt hat, jedenfalls für eine Minute. Dann setzt das Grollen erneut ein usw. Es ist wie ein Gewitter in einem Gebirgstal, das nicht herauskann und sich murrend eine Dreiviertelstunde lang austobt.

Wenn K. nebenan lehrt, vermutet man eher Drillübungen auf dem Kasernenhof. Heftig gebellte Befehle, die offensichtlich unzureichend ausgeführt werden, was K.s Unmut steigert. Zu anderen Zeiten aber ist er verträglicher gestimmt, dann hört man alle fünf Minuten ein wiehrendes Gelächter. Wahrscheinlich würzt er seinen Unterricht mit zweifelhaften Witzen, vor denen auch das Kollegium nicht verschont bleibt.

R. übt im Unterricht gerne für seine Karriere im kommunalpolitischen Bereich. Er weiß, daß die Kunst der Rede für den Politiker von ausschlaggebender Bedeutung ist, weit wichtiger als etwa Sachverstand. So hört man öfter – und da R. die Tricks antiker Rhetoren nachahmt, die die tosende Brandung des Meeres überbrüllen konnten, versteht man jedes Wort –, wie er ausruft: »Mitbürger! Schüler! Römer! Hört mich an!« Die berühmte Rede des Marcus Antonius also, den besonderen Erfordernissen des Lehrgegenstandes angepaßt. Die Schüler nebenan spielen brav mit, liefern das Volksgemurmel, welches R. das beruhigende Gefühl gibt, mit seinen Bemühungen nicht allein gelassen zu werden. Allerdings bleibt dieses Gemurmel ziemlich gleichförmig, steigert sich nie zu leidenschaftlicher Anteilnahme oder erbitterter Ablehnung.

Was Frau S. in ihren Stunden treibt, ist mir lange ein Rätsel gewesen. Kein Laut dringt von nebenan herüber, plötzlich aber unisono ein »Oh!« oder »Ah!« oder »Nein!« Die Sache hat mir keine Ruhe gelassen, ich mußte einfach im Tagebuch nachsehen, was sie da macht: Sie erzählt den jüngsten Schülern Märchen! Mit geheimnisvoll flüsternder Stimme zaubert sie Riesen, Feen und böse Hexenmeister ins Klassenzimmer und schafft mit ihrer Magie, wozu sonst kein Kollege in der Lage ist: eine Schulklasse zu aufmerksamer Ruhe zu bringen.

Trick Nr. 42

Bedenke, lieber Kollege, daß dein Unterricht nicht nur den vor dir Sitzenden zugute kommt. Auch die Wände hören mit, die lernbegierigen Menschen nebenan, sogar die Schulleitung, wenn sie rein zufällig den Gang entlanggeht. Ja, unterrichte so, als würde die ganze Welt zuhören, und bemühe dich, vor ihr in Ehren zu bestehen. Und wenn es auch einmal nicht ganz so viele Zuhörer sein sollten, einen gibt es immer, mit dem du gar nicht gerechnet hast.

Die Sprechanlage

Es gibt Dinge von äußerster Wichtigkeit, über die jeder an der Schule informiert sein muß. In früheren Zeiten schickte die Schulleitung den Hausmeister, der damals noch Pedell hieß, von Klassenzimmer zu Klassenzimmer, und der mußte die wichtige Neuigkeit allen zu Gehör bringen. Mit der Erfindung der Schrift und des Papiers änderte sich das Verfahren: Die Schulleitung schrieb ihre Verordnungen in das sogenannte ›Verkündbuch‹, das im Lehrerzimmer auslag und in dem die Lehrer fleißig und gewissenhaft lasen. Die Verkündigungen der Schulleitung wurden ihrerseits von den Lehrern den Schülern verkündet – weiß der Teufel, was die damit machten. Aber das war beileibe nicht das Ende des pädagogischen Fortschritts. Irgendein genialer Kopf erfand das Schwarze Brett, an das alle Erlasse, Gebote, Verbote, Ermahnungen usw. genagelt wurden. Der letzte Schrei jedoch ist die Durchsage über die Lautsprecheranlage. Mit ihrer Hilfe kann die Schulleitung zu jeder beliebigen Zeit jeden Raum beschallen.

Sie macht davon ausgiebig Gebrauch, nach einem differenzierten, gestaffelten System. Wenn etwa die Busfahrkarten zu bezahlen sind, bedient sie sich der Stimme der Sekretärin. Eigentlich bestreitet diese den Löwenanteil der Durchsagen, und die Schulleitung reserviert sich nur die großen, historisch bedeutsamen Verkündigungen. Wenn etwa Feuer im Schulgebäude ausgebrochen wäre und jemand zur unverzüglichen Räumung der Anstalt raten müßte, könnte das nur mit der Stimme des Herrn geschehen. So weit ist es Gott sei Dank noch nicht gekommen, aber ich führe das Beispiel an, damit du, lieber Kollege, ordentlich die Ohren spitzt, wenn du einmal eine andere Stimme aus dem Lautsprecher hörst.

Die Anlage wurde erst vor wenigen Jahren installiert.

Sie hat die Arbeit der Sekretärin, die nach anfänglichem Mißtrauen die Technik souverän meisterte, sehr erleichtert. Ja, das Sprechen über die Lautsprecher entwickelte sich bei ihr zu einem richtigen Hobby. Wenn sie etwa die Karteikarte des Schülers F. zu ergänzen hatte und ein paar wichtige Daten vermißte, drückte sie einfach auf den Knopf und sprach eindringlich in das Mikrophon: »Achtung! Eine Durchsage!« Und um auch gebührende Aufmerksamkeit zu finden, wiederholte sie das und forderte den Schüler F. auf, unverzüglich (oder zumindest in der nächsten Pause) in das Sekretariat zu kommen. Da nicht eindeutig festzustellen war, wo sich F. gerade befand, wurde diese Durchsage in sämtliche Klassen- und Fachräume übertragen. Vorübergehend stand der gesamte pädagogische Betrieb still. Alle, Lehrer wie Schüler, hatten die Löffel hochgestellt, bis es hieß: »Ende der Durchsage! Ich wiederhole: Ende der Durchsage!«

Da nicht nur F. die Aufmerksamkeit des Sekretariats erregte, sondern Dutzende von Personen jeden Vormittag, war der Erfolg der Lehrveranstaltungen ernstlich gefährdet. Die fruchtbarsten pädagogischen Momente gingen im kaum unterbrochenen Lautsprechergequake unter. Man mußte die Sekretärin, bei allem gebotenen Takt, in ihre Schranken verweisen. Seither darf sie nur die fünf Minuten vor der großen Pause für Belange der Verwaltung in Anspruch nehmen, die aber gehen todsicher drauf, und die Schüler holen beim ersten Knacken in der Leitung ihre Butterbrote hervor.

Nach all den vielen Durchsagen hat die Sekretärin natürlich eine große Routine im mediengerechten Sprechen. Sie weiß, daß man nicht einfach mit normaler Stimme sprechen darf. Eine überzeugende Durchsage muß so klingen, als käme sie aus dem Metallbauch eines Roboters. Gelegentlich darf L. an das Mikrophon, um auf irgendeine Sportveranstaltung hinzuweisen. Da hört man gleich den Unterschied. L. wirkt wie ein blutiger Amateur und Anfänger. Dabei hat er durchaus seinen Ehrgeiz. Er möchte seine Botschaft so sprechen, daß sie an den Ton einer elektrisierenden Sportreportage erinnert, als hätte die deutsche Nationalmannschaft eben das entscheidende Tor entweder erzielt oder hinnehmen müssen. Aber seinem selbst vorgelegten Tempo kann er nicht folgen, er verhaspelt sich, bringt die Sätze nicht zu Ende, nuschelt schließlich etwas völlig Unverständliches vor sich hin, und die Sekretärin muß es am Ende der nächsten Stunde wieder ausbügeln. Sie sagt noch einmal, was L. hatte sagen wollen, mit der Präzision und dem Charme eines Teddybären, der beim Schwenken ›Mama‹ blökt.

Einmal war die Sprechanlage einen ganzen Tag lang ausgefallen. Man fühlte sich wie in die Steinzeit versetzt. Wäre jetzt ein Feuer ausgebrochen, hätten alle ein elendes Ende gefunden. Eben an diesem Tag hatte irgendein Schüler sein Schrottauto so unbekümmert geparkt, daß sich der Tankwagen, der das Öl brachte, seiner Last nicht entledigen konnte. Der Hausmeister wurde wie bei den Neandertalern von Klassenzimmer zu Klassenzimmer geschickt, um den Kraftfahrzeughalter oder Kraftfahrer ausfindig zu machen. Als gründlicher und systematischer Mensch begann er in Klasse 5 bei den Elfjährigen. Unter ihnen war der rücksichtslose Kraftfahrer nicht. Er ging weiter, zu den Klassen 6, 7, 8. Überall wurde die Verantwortung geleugnet.

Unterdessen machte sich die Schulleitung daran, im Stile der Altvordern ein ›Verkündbuch‹ anzulegen, und die erste Eintragung war die Androhung einer schrecklichen Strafe für den Falschparker. Zum Glück kam es nicht bis zum Äußersten. Der Mensch, wer immer es war, hatte im Laufe des Vormittags sein Fahrzeug entfernt, wahrscheinlich, weil für ihn die Schule aus war oder weil es ihn in einer Hohlstunde nach einem leckeren Cheeseburger bei MacDonald's gelüstete. Am nächsten Tag war die Sprechanlage zum Glück wieder in Ordnung.

Trick Nr. 43
Durch den häufigen Einsatz der Sprechanlage sind die Schüler abgestumpft und bringen den Durchsagen nicht die gebührende Aufmerksamkeit entgegen, ja fangen beim ersten Wort an zu schwätzen und zu lärmen. Du fürchtest, trotz angespanntester Konzentration könnte dir eine Mitteilung von äußerster Dringlichkeit entgehen. Sei unbesorgt, lieber Kollege. Jede wichtige Durchsage wird mindestens fünfmal wiederholt. Jede unwichtige zehnmal.

Der erste Schultag

Die Stimmung am ersten Tag des neuen Schuljahres ist euphorisch. Die langen, langen Sommerferien sind zu Ende, und jeder hat das Gefühl gehabt, so könne das nicht weitergehen. Die kleinen Streitereien in der Familie oder mit dem Nachbarn reichen einem nicht mehr. Man lechzt nach großen Auseinandersetzungen, nach einem richtig bösen Stunk.

So weit ist es heute natürlich noch nicht, aber die ersten Wetterzeichen sind nicht zu übersehen. Das Kollegium trifft sich in aller Herrgottsfrühe zum Eröffnungskonvent. Bevor die Schulleitung auftaucht, verteilt Z. die Stundenpläne. Jeder prüft, wieviele Unterrichtsnachmittage und Hohlstunden man ihm aufgebrummt hat, und vergleicht, zur Seite schielend, mit dem Nachbarn, ob man benachteiligt worden ist. Immer entdeckt man einen Nachteil bei sich und eine schamlose Bevorzugung des Kollegen, und es ist eine Frage des Temperaments, wie man reagiert. F. sieht die Gelegenheit für den ersten, befreienden Wutanfall: So einen hundsmiserablen Stundenplan habe man ihm noch nie zugemutet. Zwar stellt sich heraus, daß er gar nicht seinen Plan in der Hand hält, sondern den von N., aber F. ist in voller Fahrt, und als man ihm seinen eigenen reicht, findet er diesen erst recht unter aller Sau. Wie gesagt, die Stimmung ist gereizt und doch euphorisch. Z. will Änderungsmöglichkeiten prüfen, aber versprechen könne er nichts.

Beinahe hätte man das Eintreten der Schulleitung nicht bemerkt, das doch sonst immer ein ehrfürchtiges, auch banges Schweigen verursacht. Dreimal muß die Schulleitung an die Damen und Herren appellieren, ihren Worten Gehör zu schenken. Dann erst kann sie mit ernstem Gesicht darauf hinweisen, daß die Lage noch nie so verzweifelt gewesen ist. Die Schülerzahl hat sich entweder katastrophal erhöht oder verringert, jedenfalls sind außergewöhnliche Anstrengungen vonnöten, um über die Runden zu kommen. Zum Glück, sagt die Schulleitung, habe die Behörde zwei neue Kollegen zugewiesen, um die schlimmsten Löcher zu stopfen. Einer davon bist du.

Nun werden diese Menschen mit Namen vorgestellt. Du erhebst dich von deinem Stuhl und versuchst, mit einem Lächeln die ersten Sympathien zu gewinnen. Das ist völlig überflüssig, denn jeder hat sich mit den Jahren seine physiognomische Typologie zurechtgelegt und weiß nach einem flüchtigen Blick, ob es sich bei den Neuen um hoffnungslose Trottel oder harmlose Ignoranten handelt. L. sieht sofort, daß eine Verstärkung der Lehrer-Volleyball-Mannschaft nicht zu erwarten ist. Auch die heiratswilligen, aber immer noch nicht verheirateten Fräulein sind vom Angebot enttäuscht.

Die Schulleitung schildert, wie sie beinahe die gesamten Ferien damit zugebracht hat, den Fortbestand der Schule zu sichern. Man schaudert bei dem Gedanken, daß man, wenn die Schulleitung einfach in die Sommerfrische gegangen wäre, jetzt vor dem Nichts stünde. Sie fährt fort und sagt, sie könne und wolle heute in der Kürze der Zeit nicht auf die vielfältigen Fragen und Probleme eingehen (beifälliges Nicken). Man müsse aber möglichst bald einen ausführlichen Konvent an einem unterrichtsfreien Nachmittag abhalten, um alles durch- und auszudiskutieren (abwehrendes Murmeln). Sie wünsche einen guten Beginn. Im Geiste hört man Fanfaren und Trommelwirbel, die Eröffnung ist zu Ende, der Imperator entschwindet, und für dich heißt es: ab in die Arena.

Wenn du die Türklinke zum Klassenzimmer niederdrückst, wirst du dich fühlen wie ein Gladiator im alten Rom, den man im Ungewissen gelassen hat, welches Schicksal ihn erwartet: Muß er sich gegen ein gereiztes Nashorn, drei ausgehungerte Löwen oder nur gegen sieben tollwütige Nubier behaupten? Egal, Tür auf und hinein.

Die Stimmung ist, wie gesagt, euphorisch. Die Schüler sind noch mitten dabei, einander von ihren unglaublichen Ferienerlebnissen zu erzählen, und es dauert seine Zeit, bis sie dich bemerken. Die Reaktion ist laut, aber wohlwollend. Ein neues Gesicht, eine neue Person. Die Schüler lieben die Abwechslung, und wenn sie auch ihren alten Bosheiten und Streichen treu bleiben wollen, so sollen diese wenigstens an einem neuen Objekt erprobt werden.

Bereitwillig nennen sie ihre Namen, die du auf einer Liste festzuhalten hast. Es sind interessante Vornamen, viele skandinavische und englische darunter, und jemand mit einer leichten Andeutung von Schlitzaugen heißt doch tatsächlich ›Wang‹. Dir die Nachnamen einzuprägen, sonst immer ein Problem mit den vielen Maier und Müller pro Klasse, wird dir in diesem Jahr leichtfallen: ›Fettauge‹ heißt einer, ›Brausemann‹ der andere, und der dritte bekennt sich ohne Verlegenheit zu ›Schafstall‹ – bis dir dämmert, daß sie dir allenfalls ihre Künstlernamen genannt haben, keineswegs aber die bürgerlichen, die du für die Schulverwaltung benötigst.

Du baust dich drohend vor ›Wang Brausemann‹ auf – Mordlust glitzert in deinen Augen – und verlangst von ihm, dir nicht länger seine Identität vorzuenthalten. Der Halunke gibt klein bei, und auch die anderen rücken mit ihren richtigen Namen heraus: wieder viele Müller und Maier, also durchaus glaubhaft und plausibel. Durch dein entschlossenes Auftreten hast du einige Pluspunkte gesammelt.

Nun wird der Stundenplan diktiert, unter Angabe der Fachlehrer. Die Reaktion ist ganz unterschiedlich. Sie reicht von Frohlocken bei einzelnen Namen (›Wang Brausemann‹ leckt sich schon die Lippen) über Mißmut bis zu tiefer Niedergeschlagenheit. Für das alberne Versteckspiel revanchierst du dich damit, daß du Nachmittagsunterricht für drei Tage angibst. Wenn einige vor Entrüstung und Wut schier platzen, streichst du das strenge

Programm auf die gewohnten zwei Nachmittage zusammen. So sieht es der offizielle Plan vor, und zum Beweis hältst du das Blatt sichtbar in die Höhe. Die Schülerschaft muß ihr Urteil über dich revidieren: Du giltst nicht länger als ›beknackt‹, sondern als ›cool‹. Wieder Pluspunkte also, und der erste Schultag ist für dich ganz gut gelaufen.

Trick Nr. 44

Wie liebenswert Bescheidenheit gelegentlich auch sein mag, am ersten Schultag mußt du ihr radikal abschwören, notfalls über deinen eigenen Schatten springen und gewaltig das Maul aufreißen, im Kollegium wie vor der Schülerschaft (nimm dir ruhig F. zum Vorbild). Damit hast du demonstriert, daß du ein widerlicher, unausstehlicher, gefährlicher Patron bist, vor dem man sich in acht zu nehmen hat, und eine Rückkehr zu zivilisiertem Benehmen wird man dir nicht als Zeichen der Schwäche auslegen.

Das Schulfest

Dienst ist Dienst, und Schnaps ist Schnaps: eine urdeutsche Lebensweisheit und Maxime, die natürlich auch – oder erst recht – für die Schule gilt. Wobei mit ›Schnaps‹ alles bezeichnet wird, was mit Unterhaltung, Freude, Spaß verbunden ist und im normalen Unterricht nichts zu suchen hat. An einem Tag des Jahres aber wird sich die Schule untreu, da werden die Verhältnisse auf den Kopf gestellt, und die Leute strömen ausgerechnet in die Anstalt, um sich zu amüsieren.

Ich gebe zu, daß das an Frivolität grenzt. Auch der Schulleitung ist nicht wohl dabei, deshalb hat sie eine ›Festkommission‹ eingesetzt, die ihr die leidige Angelegenheit einigermaßen vom Hals hält. Stattfinden muß das Fest, da führt kein Weg daran vorbei. Denn keine Schule bildet eine Insel für sich. Jede ist der anderen ein gieriger Wolf, der dringend benötigte Schüler wegfrißt. Da sich die Schulen in den Lehrmethoden ziemlich gleichen, versuchen sie, mit ihren Festen Werbung zu machen und sich gegenseitig auszustechen. So ausgelassen also gefeiert wird, hinter der fröhlichen Fassade tobt ein erbitterter Existenzkampf.

Die Kommission ist sich ihrer Verantwortung bewußt. Sie muß einen Termin wählen, an dem die Leute von vornherein festlich gestimmt sind, denn aus eigener Kraft könnte eine Schule nie Lebenslust verbreiten. Fasching kommt nicht in Frage, da ist die Menschheit sowieso betütet, torkelt herein und hinaus und hat gar nicht mitgekriegt, wo sie gewesen ist. Im Sommer begibt man sich in gefährliche Konkurrenz zu Gartenbau-, Kleintierzüchter- und Sportvereinen, die das Feiern professionell betreiben. Was eignet sich somit besser als die besinnliche Adventszeit? Man hängt reichlich Tannenzweige in die Korridore, entzündet in dunklen Ecken ein paar Lichtlein –

schon sind die Besucher milde und versöhnlich gestimmt und haben den Eindruck, daß in diesem Hause der rechte Geist waltet.

Am ersten Advent werden also die Schultore geöffnet. In der Vorhalle ist ein richtiger Christkindl-Markt aufgebaut, mit vielen schönen Ständen, an denen herrliche Köstlichkeiten angeboten werden. Das duftet und brutzelt und zischt, aus den Lautsprechern klingen die alten Weihnachtslieder, so daß die Besucher sofort weich werden und das Portemonnaie zücken. Denn billig ist es auf dem Schulfest nicht, jede Klasse braucht dringend Geld: für das Schullandheim, den Ausflug, die Studienfahrt oder überhaupt und für später. Auf dem Schulfest zeigen die Schüler, daß zumindest die Fertigkeiten des Addierens, Subtrahierens und Multiplizierens hervorragend beherrscht werden.

Aber der Christkindl-Markt breitet sich nur im Erdgeschoß aus, wer sich da durchgekämpft hat, den erwarten im ersten Stock Darbietungen, die völlig umsonst sind. In einem Raum etwa hat die Schule alle Computer aufgefahren, über die sie verfügt, und ein paar Experten, ›Freaks‹ also, führen vor, was sich mit den Zaubergeräten machen läßt. Der Besucher gibt zum Beispiel sein Geburtsdatum an, das eingespeichert und dem Computer zur Begutachtung vorgelegt wird. Der Schüler F. ist ein ganz großes As auf dem Gebiete der elektronischen Datenverarbeitung, er tippt mit rasender Geschwindigkeit einen Befehl nach dem anderen ein, prüft den Vorgang auf dem Monitor, hält einen langen, stummen, geheimnisvollen Dialog mit dem Kasten – bis das Ergebnis festliegt: Aufgrund des eingegebenen Geburtsdatums hat der Computer errechnet, daß der Mensch vor ihm heute exakt 43 Jahre, 7 Monate und 12 Tage alt ist! Dieser blättert im Taschenkalender und rechnet kurz nach. Donnerwetter, das stimmt haargenau!

Ja, auf dem Schulfest kann man beweisen, daß man den Anschluß nicht verpaßt hat und gleichzeitig die Tradition bewahrt. Der Chemielehrer beeindruckt mit grünem und rotem Feuer und dem guten alten Knallgas. Der Biologielehrer hat ein paar Pantoffeltierchen engagiert, die unter dem Mikroskop apart hin und her paddeln. Der Deutschlehrer erweist sich als avantgardistischer Regisseur: Er hat eine Klamotte von Karl Valentin zu einem makellosen Lehrstück im Stile Bert Brechts umfunktioniert. Es gibt zwar nichts mehr zu lachen, aber dafür verlassen die Leute mit nachdenklichen Gesichtern den Theaterraum. Die Schulleitung geht mit zufriedener Miene umher, als hätte sie sich selber alles einfallen lassen.

Der Höhepunkt kommt jedoch erst abends in der Aula. Es ist das beliebte Ratespiel mit dem Titel: ›Wer oder was und warum bin ich?‹ R. moderiert wie ein Profi und bittet den ersten Kandidaten, eine berufstypische Bewegung vorzuführen. Da macht es L. dem Rateteam beinahe zu leicht mit einem Flickflack und einer Rolle rückwärts mit Hochstemmen in den Handstand. Trotzdem kommt man erst mit der achten Frage dahinter, daß er Sportlehrer ist.

Anschließend werden die Stühle zusammengeklappt und zur Seite gestellt: Parkett frei für das Tango-Turnier! Den Schülern, die so etwas nur aus uralten Schwarzweiß-Filmen kennen, fallen schier die Augen aus dem Kopf. Als begnadeter Tango-Tänzer zeigt sich – die Schulleitung, die mit Fräulein J. um ein Haar den ersten Preis gewonnen hätte! Leider ist Fräulein J.s Rock, der allerneuesten Mode gehorchend, sehr eng und gestattet nicht die raumgreifenden Schritte, die nun einmal zu einer weltmeisterlichen Leistung gehören.

Das Schulfest wird in der Zeitung als glänzender Höhepunkt des Jahres gefeiert (R. hat dem Blatt, auch im eigenen Interesse, einen Artikel zukommen lassen, den die Redaktion aus Gründen der Arbeitsersparnis und Bequemlichkeit ungekürzt abdruckt). Vorübergehend hat man der konkurrierenden Anstalt am Orte den Rang abgelaufen. Aber dort sind offenbar die Vorbereitungen für ein noch bedeutenderes Schulfest in vollem Gange. Die

Rapporte der Spione und Kiebitze werden vermutlich gerade ausgewertet.

Trick Nr. 45
Da das Schulfest eine uralte Tradition darstellt und seit vier Jahren unentwegt gefeiert worden ist, sind manche Überraschungen nicht mehr ganz so taufrisch wie beim ersten Mal. So kannst du mit einer einzigen neuen Idee die Aufmerksamkeit auf dich lenken und dir mehr Verdienste erwerben als mit fünfhundert sehr gut vorbereiteten Unterrichtsstunden, die leider so ziemlich unter Ausschluß der Öffentlichkeit ablaufen. Setze also den Fez von deiner Marokkoreise auf, erhitze in einem Kupfertopf ein paar Liter Öl und wirf irgendwelche Teigklumpen hinein. Das sei die Köstlichkeit ›Ouaboulou‹ (auch als ›Tsuk‹ bekannt), die du bei gastfreundlichen Tuaregs kennen- und schätzengelernt hättest. Salam alaikum und guten Appetit!

Der Lehrersport

Da der Bewegungsmodus des Lehrers eher verhalten oder geradezu statisch ist – entweder sitzt oder steht er, und wenn es hochkommt, wird geschritten –, darf man sich unter dem ›Lehrersport‹ nichts Hektisches vorstellen. Sprintende Lehrer mit roten Köpfen und schweißnassem Hemd habe ich noch nie gesehen, das ist ein Widerspruch in sich selbst.

Die erste Form des Lehrersports dürfte in der zweiten Hälfte des 16. Jahrhunderts das Würfelspiel gewesen sein. Ausgemusterte Landsknechte, denen man die Kindlein anvertraut hatte, mit dem Erziehungsauftrag, aus ihnen rechte Christenmenschen zu machen, schüttelten an freien Abenden die Lederbecher und stürzten die Würfel mit einem lauten ›Plopp!‹ auf den Wirtshaustisch. Der Lehrersport damals blieb auf die Bewegung des rechten Armes beschränkt. Gesäß und Oberschenkel ruhten sicher auf der Holzbank.

Diese berufsspezifische Mischung aus grundsätzlicher Immobilität und Bewegung einzelner Glieder ist auch in späteren Jahrhunderten erkennbar. Lange war Faustball eine Domäne der Pädagogen. Mit beiden Beinen fest im Boden verankert, wartete man, bis der Ball in die Nähe flog, um ihn mit einem wuchtigen Ohrfeigenschlag zurückzubefördern. Klar doch, daß der Lehrersport damals der körperlichen Ertüchtigung für die Unterrichtstätigkeit diente.

In unserem Zeitalter, in dem sich alles rasant beschleunigt, huldigt die Lehrerschaft dem Volleyball, am Dienstag abend von 18.30 Uhr bis 20.00 Uhr. Es ist wie in alten Zeiten: Die Lehrer stehen da wie die Landsknechte bei Padua, jeder auf seinem Platz, bereit, in Aktion zu treten, wenn der Gegner angreift.

Da kommt der Ball geflogen – alle sechse stürzen sich

darauf, behindern sich gehörig, aber irgendwie gelingt es, das Leder hinüberzubefördern. Auch drüben in letzter Sekunde ein großes Gerenne und Gewühle, während man hier gemächlich zur Ausgangsformation zurückkehrt. So geht es hin und her, bis irgendwann der gequälte Ball nicht mehr mitmacht und schwer wie ein Stein zu Boden plumpst: 1 : 0!

Natürlich gibt es in jeder Mannschaft Stars oder solche, die sich dafür halten: F. zum Beispiel. Seine Statur macht ihn für Volleyball denkbar ungeeignet, klein, stämmig und wohlbeleibt um die Hüften, wie er ist. Aber F. hat das Herz eines Kämpfers, wie ein Terrier schießt er hierhin und dorthin und schnappt sich auch Bälle, die keineswegs für ihn bestimmt sind. Von der Regel, daß der Ball nur für Sekundenbruchteile angetippt werden darf, weiß oder hält er nichts. Er grapscht sich das Ding, und wenn er es sicher in seinen Pfoten fühlt, schiebt er es in eine leere gegnerische Ecke. Proteste von drüben läßt er nicht gelten, der Punkt zählt. Ja, F. ist ein gefürchteter Gegner.

Fräulein J. dagegen, so attraktiv sie in ihrem rotweißen Satintrikot wirkt, ist eine schwere Hypothek für jede Mannschaft. Um ihre frischlackierten Fingernägel nicht zu gefährden, beschränkt sie den Ballkontakt auf das Notwendigste. Wohin der Ball fliegen wird, wenn sie ihn bedient hat, ist allen, Feind wie Freund, ein Rätsel, und wenn ihr auch das meiste gründlich mißlingt, so erzielt sie andererseits ganz spektakuläre Punkte.

Jeder Mitspieler hat seine Eigenheiten, so daß eine Prognose über den Ausgang des Spiels völlig unmöglich ist. Für das große Turnier allerdings, bei dem sich die Lehrermannschaften einer Region miteinander messen, trifft L. eine strenge Auswahl: Nur diejenigen Athleten sind zugelassen, die die Prinzipien des Spiels so ungefähr begriffen haben und zumindest einen der vier Grundschläge beherrschen. F. ist nicht dabei und boykottiert, tödlich beleidigt, die nächsten drei Dienstagabende.

Trotz aller Vorkehrungen fliegt die Mannschaft gleich in der ersten Runde aus dem Wettbewerb. Das ist nicht weiter schlimm, denn man kommt in die ›Trostrunde‹ und kann immer noch Meister werden. Aber auch da muß man sich mit dem letzten Platz begnügen, scheidet aus, und F. und Fräulein J. sind wieder herzlich an jedem Dienstagabend eingeladen.

Ach, auf das Herumgehopse kommt es gar nicht so an. Ein bißchen schwitzen, ordentlich durstig werden und dann die Hauptsache: Bier trinken und schwadronieren. Das letztere findet im Biologievorbereitungsraum statt, neben dem Skelett und dem ausgestopften Fuchs, der dem Trinkgelage hämisch grinsend zuschaut. Ein paarmal war man auch in einer Gastwirtschaft gewesen, aber O. hatte die Mehrheit überzeugt, daß es viel gemütlicher und preiswerter sei, einen Kasten Bier im Großmarkt zu kaufen und in den vertrauten Räumen zu trinken. Er rechnete vor, daß die Flasche auf 39 Pfennige käme, und diesem Argument konnten sich die wenigsten verschließen.

Zu vorgerückter Stunde, nachdem man die Spiele des Abends gründlich und fachmännisch analysiert hat (wobei das gute, preiswerte Bier der Erkenntnis dienlich gewesen ist), wird der Beschluß gefaßt, die Schülerschaft auf dem Volleyball-Feld herauszufordern. Diese nimmt die Herausforderung bereitwillig an und schickt am nächsten Dienstagabend ein paar Typen, die auf Discos und Partys nicht benötigt werden. Wahrhaftig keine Spitzenkönner, aber auch die zweite oder gar dritte Garnitur besiegt die Lehrermannschaft ohne viel Federlesen in drei Sätzen. Mit ›Bockschneider‹, wie es in anderen Sparten heißt, die Lehrer haben also kaum einen Punkt erzielt. Für den Rest des Jahres bleiben sie wieder unter sich.

Trick Nr. 46

Beim Lehrersport kannst du echte Freunde gewinnen, allerdings unter bestimmten Voraussetzungen: Du darfst weder zu schlecht noch zu gut sein. Wenn du also L. schöne hohe Bälle zuspielst, bei denen er wie eine Titan-Rakete am Netz aufsteigen kann, um das Leder in das gegnerische Feld zu dreschen, wirst du sofort für die nächste Turniermannschaft nominiert oder erhältst sogar von ihm ein Freibier im Wert von 39 Pfennigen.

Der Lehrerfasching

Wer behauptet, Lehrer wüßten nicht zu feiern, kennt diese Menschen nicht. Was sich der Lehrer vornimmt, führt er auch durch. Höhepunkt der Feiertätigkeit ist der Lehrerfasching. Dieser wird in der Schule veranstaltet, denn die Lehrerschaft liebt die Herausforderung, die schier unlösbare Aufgabe: ausgelassenes, ja hemmungsloses Treiben an der Dienststätte. Die Schulleitung hat sich lange gesträubt, dies zu gestatten. Aber der Personalrat ist nicht müde geworden, auf sie einzureden. Jetzt feiert auch die Schulleitung tüchtig mit und fiebert dem Karneval entgegen.

Der Lehrerfasching steht und fällt mit dem Nudelsalat. Ich weiß nicht, ob dieser Leckerbissen der breiten Öffentlichkeit bekannt ist, und zur Sicherheit möchte ich kurz erläutern, worum es sich handelt. Die Nudel wird im allgemeinen gekocht, geseiht, aufgegessen, und was von ihr übrigbleibt, bekommen die Haustiere. Dieser Rest kann aber auch weiterverarbeitet werden, er wird also mit den sonstigen Relikten des Mittagsmahles, sagen wir ein paar Gürkchen und etwas Hühnerklein, und – das ist die Hauptsache – mit viel Mayonnaise zu einem appetitlichen Brei vermengt: Das ist der klassische Lehrerfaschingsnudelsalat, in seiner Bedeutung vergleichbar mit der Pizza oder der Paella in anderen Teilen der Welt.

In einem Vorkonvent muß also zunächst die Nudelsalatfrage geklärt werden, d. h. durch Eintragungen in eine Liste verpflichten sich genügend Kollegen, ausreichend Schüsseln mit dem Grundnahrungsmittel zur Verfügung zu stellen. Frau S. und die Fräulein wollen ihre Salate eigenhändig bereiten, die anderen sagen zu, ihre Ehefrauen daran arbeiten zu lassen – die sich durch diese Tat die Berechtigung erwerben, selbst an der Feierlichkeit teilzunehmen.

So kann nichts mehr schiefgehen. Das Lehrerzimmer ist mit Girlanden und Lampions dekoriert. Im fahlen blauen oder roten Licht warten auf einem langen Tisch um die zwanzig große Schüsseln mit den herrlichen Nudelsalaten, bei deren Anblick allen das Wasser im Munde zusammenläuft. Die Speisen sehen ziemlich gleich aus, aber der Anblick täuscht. Es gibt indische und hawaiische, russische und mongolische Varianten, mit Cashewkernen, Ananas, rotem Borschtsch oder Stutenmilch. Wenn man aus allen Schüsseln äße, würde es einem sterbensübel werden. Manchmal, wenn man Pech hat, genügt auch schon ein einziger Löffel.

Die Stimmung ist großartig. K. hat für ausreichend Champagner gesorgt. Das Etikett fabuliert von Schloß und Graf, es muß eine ganz erlesene Marke sein, die niemand kennt: äußerst süffig und ideal auf die Salate abgestimmt. Die Tische sind an die Wände gerückt, so daß man in der Mitte des Raumes walzen und sich drehen kann, daß es eine Lust ist.

Aber wer tanzt eigentlich mit wem? Einige Kostümierte kann man verhältnismäßig leicht identifizieren. Die Schulleitung ist als Gepäckträger herausgeputzt und hat eine Schirmmütze mit der Aufschrift ›Dienstmann‹ auf dem Kopf – dieser Scherz reicht schon an das Makabre, wenn man bedenkt, wie sonst alle der Schulleitung zu Diensten sein müssen. Sie tanzt mit einem feschen Dirndl, dessen lange Zöpfe in der Leidenschaftlichkeit der Bewegung den anderen nur so in die Gesichter wischen.

Der Pirat mit der Augenklappe und dem unverdeckten lüsternen Auge muß K. sein, der seine stählerne Greifklaue dazu benützt, weibliche Opfer an sich heranzuziehen und zum Tanze zu zwingen. In der ätherischen Gestalt mit Feengewand vermuten wir Fräulein V. – die molligen Rundungen verraten sie.

Wer aber ist der krausköpfige Menschenfresser? Das grüne Schlangenweib? Der Gangster mit den weißen Ga-

maschen? Ist das nun Maskerade oder Enthüllung des wahren Charakters? In einer Ecke steht leibhaftig Marilyn Monroe, platinblond, und auch die Maße scheinen zu stimmen. Kein Wunder, daß ein Großteil der Mannsbilder da herumscharwenzelt.

Kurz, die Lebenslust schäumt hoch, man kommt sich menschlich näher, und bei alledem knistert ein herrliches Geheimnis in der Luft, die mittlerweile ziemlich dick geworden ist. Disharmonien gibt es eigentlich nur in der Musikfrage. Was dem einen besonders in das Tanzbein fährt, lähmt dem anderen jeden Schritt. So sieht sich die Schulleitung öfters gezwungen, eine sich noch drehende Scheibe vorzeitig vom Grammophon zu nehmen, um eine

Platte mit Musik aufzulegen, die diesen Namen auch verdient.

Das wiederum führt zu Vergeltungsaktionen. Besonders ein Herr im Tigerfell unterbricht mehrfach einen urgemütlichen Schieber, um den Raum mit schriller Negermusik zu beschallen. Es schwelt also auch Unmut, jeweils bei der Fraktion, die der feindlichen Kakophonie ausgesetzt ist.

Doch am Ende sind sich alle wieder gut, wenn es heißt: »Antreten zur Polonaise!« Die Schulleitung vorneweg und dann einer hinter dem anderen, abwechselnd Männlein und Weiblein, Hände auf den Schultern (K. greift im allgemeinen Getümmel mit seiner Klaue Fräulein B. von hinten um die Taille). Die Tür des Lehrerzimmers geht auf.

Aus allen Lautsprechern des Schulgebäudes schmettert eine Stimme das unsterbliche Lied von den Löchern, die gleich aus dem Käse fliegen. Und los geht es bei schummriger Beleuchtung, treppauf, treppab, in ein Klassenzimmer hinein und wieder hinaus, am Skelett und dem ausgestopften Fuchs vorbei: ein zauberhaftes Bild! Wer so den Lehrkörper sähe, würde sich an den Kopf greifen und an seinem Verstand zweifeln.

Dann gehen die Lichter aus, und das dunkle Schulhaus träumt und döst ein Jahr lang vor sich hin – bis zum nächsten Lehrerfasching.

Trick Nr. 47
Beim Fasching hat man traditionsgemäß Gelegenheit, der Obrigkeit ordentlich die Meinung zu sagen. Sie wird sich alles anhören, es sofort wieder vergessen und nicht das Geringste nachtragen. Trotzdem ist es nicht verkehrt, sich perfekt zu tarnen und auch die Stimme zu verstellen. Ein

ganz perfider Trick besteht darin, zur Halbzeit, wenn dich die Obrigkeit schon entlarvt zu haben glaubt, auf der Toilette das Kostüm zu wechseln und hinterher die Identität preiszugeben. Niemand weiß dann, wer vorher der Schuft mit dem losen Maul gewesen ist. Du kannst es ja nicht gewesen sein.

Das Schullandheim

Friedrich von der Hardt hat in seiner vortrefflichen Schrift ›Anmerkungen zur Leibesertüchtigung im Landschulheim‹ (siehe Literaturverzeichnis) sehr nützliche Hinweise zur Bewältigung eines Schullandheimaufenthaltes gegeben. Leider ist sein Werk längst vergriffen und unverständlicherweise nie wieder neu aufgelegt worden. So betrachte ich es als Aufgabe und Pflicht, die Hauptgedanken dieses großen Pädagogen in das Bewußtsein der Öffentlichkeit zu rücken. Du, lieber Kollege, wirst erfahren, wie man vermeidet, in einer solchen Extrem- und Grenzsituation total unter die Räder zu kommen.

Von der Hardts ›Landschulheim‹ bezeichnet dasselbe Phänomen wie das dir vertraute ›Schullandheim‹. Die beiden ersten Wörter in der Zusammensetzung sind etwas instabil, wechseln ihre Positionen, während das Kernwort ›Heim‹ unverrückbar an seinem Ort bleibt. Aber laß dich nicht irreführen: Mit Heim und Gemütlichkeit hat das Ganze nichts zu tun. Es ist eine kaum zu bändigende Wildnis, ein Raubtiergehege, ein Fegefeuer.

Von der Hardt unterscheidet beim Schullandheimaufenthalt – auf den ersten Blick mag dir das banal vorkommen – eine Anfangs-, Mittel- und Endphase. Zu Beginn ist die Schülerschaft zwar in einer erbärmlichen körperlichen Verfassung, dennoch aber von einem krankhaften Bewegungs- und Betätigungsdrang erfüllt. Nehmen wir an, du seist eben mit dem Bus am Zielort angekommen (in von der Hardts Zeiten waren es Eisenbahn oder Pferdewagen). Die Schüler werden auf ihre Zimmer verteilt, streng geschieden nach Männlein und Weiblein – schon gibt es die ersten Schlägereien, weil Personen zusammen in einem Raum untergebracht sind, die sich zutiefst hassen und verabscheuen. Woher hättest du das wissen sollen?

Von der Hardt empfiehlt, in dieser Situation keinen Zoll nachzugeben und dem größten Lümmel ein paar hinter die Löffel zu hauen. Zu letzterem möchte ich allerdings nicht raten, das ist der kraftvolle Ausdruck eines heroischen Zeitalters, das wir nur bewundern, nicht aber nachahmen können.

Die Heimeltern haben in rührender Weise den Kaffeetisch gedeckt, den ›Kindern‹, wie sie sagen, selbstgebackene süße Schnittchen hingestellt. Die Schülerschaft verschlingt ohne Dank das Aufgetischte unter ohrenbetäubendem Lärm und fängt an, sich mit den Kaffeeresten in den Tassen zu beträufeln. Du mußt sie also aus dem Eßraum scheuchen, um schlimmere Ausschreitungen zu verhindern.

An dieser Stelle warnt von der Hardt vor einem verhängnisvollen Fehler: die Schüler sich selbst zu überlassen mit der Aufforderung, die nähere Umgebung auf eigene Faust zu erkunden. Ein solcher Vorgang beschäftigt manche bis weit nach Mitternacht. Vor allem aber gehen die Schüler in keiner Weise der Leibesertüchtigung nach, sondern schonen sich für die Nacht. In der Dunkelheit schleichen sie von Raum zu Raum, knallen die Türen zu und geben selbst in den Betten keine Ruhe. Bis zum Morgengrauen quatschen, grölen und wiehern sie, so daß du kein Auge zumachen kannst und dich völlig erschöpft den Forderungen des zweiten Tages stellen mußt. Wie soll das nur enden?

Deshalb empfiehlt von der Hardt gleich nach dem zügig eingenommenen Nachmittagsimbiß einen strammen Fußmarsch von wenigstens 25 Kilometern. Die Aufsichtsperson müsse dabei wie ein guter Hirt und wachsamer Schäferhund in einer Person zugleich führen und antreiben, d. h. vorne und hinten sein und auf ein flottes Marschtempo achten. Wenn du diesem Ratschlag folgst, wird die Schülerschaft abends schweigend die Suppe in sich hineinlöffeln und todmüde in die Betten sinken.

In aller Frühe geht es mit der Leibesertüchtigung weiter: Kniebeugen und Liegestütze im taunassen Gras, natürlich vor dem Frühstück. Am Vormittag ein wenig Theorie, d. h. Hinweise auf Gräser, Käfer, Kröten und dergleichen, am Nachmittag Anwendung des Gelernten, also Aufspüren der Phänomene in der freien Natur. Das Ganze möglichst im Laufschritt und über eine Strecke von 20 Kilometern. So geht das in den nächsten Tagen weiter, und siehe da, die körperliche Verfassung der Schülerschaft bessert sich zusehends.

Die Hauptaufgabe der mittleren Phase besteht darin, die Kontaktaufnahme zwischen Jungen und Mädchen auf das Schickliche und Wünschenswerte zu beschränken. Die Mädchen wollen eigentlich von den ›Kerlen‹, wie sie sagen, gar nichts wissen, aber diese sind von einer inneren Unruhe gepackt und versuchen vor allem nach 22 Uhr, wenn die Lichter gelöscht sind, in aller Heimlichkeit ein paar Worte an die plötzlich so Verehrungswürdigen zu richten. Da empfiehlt von der Hardt, eine Nacht dranzugeben und auf dem Korridor den Missetätern aufzulauern. Diese würden dann an den kommenden Tagen zu Hilfsdiensten herangezogen, wie Kartoffelschälen oder Geschirrspülen. So finde eine besondere Leibesertüchtigung statt, die der Gemeinschaft dienlich und den Heimeltern eine Freude sei.

Mittlerweile neigt sich der Schullandheimaufenthalt seinem Ende zu. Die Schülerschaft hat deinen Anweisungen anfangs murrend Folge geleistet, dann aber den Sinn deiner Maßnahmen eingesehen. In der Schlußphase bilde sich ein freundschaftliches, kameradschaftliches Verhältnis zwischen Lehrer und Schülern heraus, sagt von der Hardt. Voller Begeisterung würden sich alle der großen Rundwanderung von 40 Kilometern unterziehen und hinterher sogar noch die Kraft finden, den Tag mit einigen schönen Wander- und Mondliedern ausklingen zu lassen.

Nun ja, ein paar Abstriche werden wir heute machen müssen. Von der Hardts Zahlen erscheinen uns gar zu gigantisch. Durch 2 oder 3 mußt du schon dividieren, wenn du keinen wilden Aufruhr in der Schülerschaft provozieren willst. Und von Wander- und Mondliedern kann keine Rede mehr sein. Am Ende eines Schullandheimaufenthaltes gibt es in unserem Jahrzehnt unweigerlich eine ›Disco‹ – die das mühsam Errungene in einem grausigen Chaos versinken läßt, aber die Leibesertüchtigung noch einmal sehr fördert.

Trick Nr. 48

Eine gute, ja eiserne Kondition ist für einen Schullandheimaufenthalt unerläßlich. Also schon ein Jahr vorher Lang- und Marathonläufe, zweimal pro Woche Krafttraining in einem Fitneß-Studio, regelmäßig Rudern, Schwimmen, Radfahren usw. Wenn du dann noch die Technik erlernt hast, wie ein Fakir vierzehn Tage lang ohne Schlaf auszukommen, sollte eigentlich nichts mehr schiefgehen.

Das Fußballspiel

Die meiste Zeit liegt das Bibliothekszimmer in einer Art Dornröschenschlaf. Verständlicherweise, denn was soll man da? Was der Lehrer einmal für sein Fach gelernt hat, das haftet in seinem Gedächtnis auf immer und ewig, das ist ein reicher, unergründlicher Schatz, aus dem er für den Rest seines Lebens schöpfen kann, und sollte ihm in einer Unterrichtsstunde eine Einzelheit nicht parat sein, erfindet er sie spontan aus einem Augenblickseinfall heraus. Die Referendare büffeln natürlich in der Bibliothek, das gehört sich so, auch M. und N. leihen sich gelegentlich ein Buch aus, wie man der Kartei entnehmen kann. Aber im großen und ganzen ist der schöne, helle Raum sträflich ungenutzt.

Eines Tages wurde das zum Glück anders. K. hatte ein Tischfußballspiel, dessen seine beiden Söhne, zehn und elf Jahre alt, überdrüssig geworden waren, mitgebracht. Ein genialer Einfall und eine segensreiche Tat. Denn wenn man bisher die Hohlstunden mit Zeitungslektüre und anderen Nichtigkeiten füllen mußte, bestand jetzt die Gelegenheit, einer wirklich sinnvollen und befriedigenden Tätigkeit nachzugehen: Herr Kollege, wie wäre es mit einem Spielchen?

Das Fußballspielen in der Bibliothek, die zweckmäßigerweise durch eine Verbindungstür vom Lehrerzimmer aus zu erreichen ist, entwickelte sich zu einer wahren Leidenschaft. Der Andrang war so stark, daß Platzreservierungen vorgenommen werden mußten. Und als eine Meisterschaftsrunde mit Punktespielen und Tabelle begann, war offensichtlich, daß sich nicht mehr Amateure, sondern ausgebuffte Profis Sieg und Ehre streitig machten.

Wie in der Bundesliga auch, gab es erhebliche Unterschiede in der Spielstärke. L. zum Beispiel, den man als

Sportlehrer zumindest im oberen Drittel der Tabelle erwartet hatte, erwies sich als richtige Pflaume. Wenn es möglich gewesen wäre, hätte er absteigen müssen. Er schied dann bald aus der Runde aus, mit der Bemerkung, mit Kinderkram wolle er sich nicht beschäftigen. Eine durchsichtige Angelegenheit.

Ein absoluter Spitzenkönner war ausgerechnet – E.! Er, der doch im richtigen Leben die Unsportlichkeit geradezu verkörpert, verstand es, die Eckstöße so perfide anzuschneiden, daß der gegnerische Torwart ohnmächtig den tückisch trudelnden Ball passieren lassen mußte. Auch Freistöße aus großer Entfernung, sagen wir aus einer Distanz von 40 Zentimetern, wußte er sicher zu ›verwandeln‹, wie es im Fachjargon heißt.

Die Meisterschaft war also bald entschieden, da E. einen unaufholbaren Punktevorsprung herausgeschossen hatte. Aber um die Vizemeisterschaft entbrannte ein erbitterter Kampf, und dann gab es noch die ehrenvollen UEFA-Plätze, was immer das in diesem Zusammenhang bedeutete. Gut im Rennen lag F., der an manchen Tagen seinen Gegner richtig plattwalzte, an anderen jedoch die Verteidigung vernachlässigte und dann kalt erwischt wurde. Auch O. rechnete sich eine Chance aus. Er hatte das Catenaccio-System so perfektioniert, daß sich der Gegner vor seinem Tor schwertat. Aus der Defensive heraus startete O. schnelle, gefährliche Konter, und oft gelang es ihm, die Partie mit einem einzigen Tor für sich zu entscheiden.

Im Laufe des Turniers wurde klar, daß die wenigen Hohlstunden bei weitem nicht ausreichten, um die Spiele termingerecht über die Bühne zu bringen. So wurden auch für die große Pause sportliche Kämpfe anberaumt, und schließlich spielte man sogar in den kleinen Pausen, wenigstens eine halbe Halbzeit lang. Die Lehrerschaft war dem Spielrausch erlegen. Selbst die Damen nahmen Anteil, wenn auch nur als Zuschauer und Schlachtenbummler. An einem Tag, an dem ein schicksalsträchtiges

Spiel abrollte, fiel es schwer, während des Unterrichts mit den Gedanken nicht abzuschweifen.

Urplötzlich, wie aus dem Nichts stieß U., den man fußballerisch bisher nicht für voll genommen hatte, nach vorne. Er schaffte sogar ein Unentschieden gegen E.! Als ruchbar wurde, daß U. heimlich ein eigenes Spiel gekauft hatte und seine Unterrichtsvorbereitung vor allem auf dem grünen Rasen abwickelte, breitete sich zunächst Unmut aus. Dann aber folgten nicht wenige seinem Beispiel, und vorübergehend waren Spielprognosen völlig unmöglich, bis sich der Tabellenstand wieder normalisierte.

Wie es kam, daß das Sportfieber nach einiger Zeit erlosch und die Bibliothek heute wieder einer unentdeckten Pharaonengrabkammer gleicht, ist zunächst schwer zu begreifen. An der Schülerschaft kann es nicht gelegen haben, denn die hatte Verständnis dafür, daß erbittert spielende und begeistert zuschauende Lehrer eine Partie nicht einfach mit dem Gongschlag abbrechen konnten und so die Pause ein wenig verlängerten. Ja, die Schülerschaft war am Tabellenstand äußerst interessiert, man hatte Wetten abgeschlossen und einen internen Toto-Betrieb eingerichtet.

Andererseits war das Fußballspielen bei der Schulleitung nie auf Gegenliebe gestoßen. Mit Sorge registrierte sie, wie sich die halben Halbzeiten immer mehr ausdehnten. Die ganze Schule schien nur noch König Fußball zu huldigen, und das humanistische Bildungsideal drohte zu einem wesenlosen Schatten zu verkümmern. Die Schulleitung mußte etwas tun. Als oberstes Sportgericht verbot sie den Spielbetrieb in den Pausen.

Zweifellos war das der entscheidende Schlag, von dem sich der Fußball nie wieder erholte. Jetzt mußte man seine Spielleidenschaft kanalisieren, widernatürlich unterdrükken, um sie zu festen Zeiten, in den Hohlstunden nämlich, gewaltsam wieder anzukurbeln. Das konnte nicht gutgehen. Das Interesse flaute ab. E. war ja schon Meister. Es gab noch ein halbherziges Gerangel um die vorderen Plätze. Niemand konnte sich der bitteren Wahrheit verschließen, daß die gute alte Fußballzeit endgültig der Vergangenheit angehörte.

Trick Nr. 49

Gestern war es der Fußball – morgen stürzen sich vielleicht alle auf Billard. Mit etwas Glück und fleißigem Training in einer kommerziellen Spielhalle kannst du zum Superstar avancieren. Auch wenn dieser Spielrausch verfliegen und das Kinderbillardtischchen in einer Ecke der Bibliothek verstauben sollte, so wird dennoch ein kleiner unsichtbarer Glorienschein dein Haupt für den Rest deines Lebens umgeben.

Der Vervielfältigungsapparat

Manche Kollegen kommen so ziemlich ohne Vervielfältigungsapparat aus. Alles Wissenswerte stehe in den Lehrbüchern, jedes zusätzliche Blatt schaffe nur Verwirrung in den Schülerköpfen, sagen sie. O. dagegen vertritt den Standpunkt, die neumodischen Bücher könnten sich nicht mit den alten messen und schon gar nicht mit dem, was er sich einmal ausgedacht hat. Für eine Stunde am 19. März 1965 etwa hatte er ein unübertreffliches Arbeitsblatt entwickelt, und es vergeht kaum ein Schuljahr, in dem er es nicht vervielfältigt.

N. seinerseits hält jedes Buch schon im Augenblick des Erscheinens für veraltet. Er hat seine Hand am Puls der Zeit. Seine Schüler bekommen das Neueste vom Neuen aufgetischt, das meist aus Zeitungen und Magazinen stammt. An manchen Tagen erscheinen N. und der Vervielfältigungsapparat wie siamesische Zwillinge, untrennbar und der eine ohne den anderen nicht lebensfähig. Die meisten Kollegen aber halten ein Mittelmaß, nehmen die Dienste der Maschine in Anspruch, ohne deswegen gleich in sklavische Abhängigkeit zu geraten.

Der Umgang mit ihr ist nicht ganz einfach, ja mit Tükken verbunden, und sie überrascht sogar ausgesprochene Könner mit immer neuen Bosheiten. Zwar stimmt es nicht, daß sie noch von Thomas Alva Edison gebaut worden ist, aber zwanzig oder dreißig Jahre hat sie schon auf dem Buckel.

Daß man am ›Apparat‹, wie man ihn kurz und oft haßerfüllt nennt, gearbeitet hat, läßt sich meist nicht leugnen. Die blaue Kopierflüssigkeit, die von einem Schwamm auf das Papier und nur auf dieses gelangen soll, findet geheimnisvollerweise immer einen Weg zu den Fingern der bedienenden Lehrkraft. Das ist ärgerlich, denn mit Wasser und Seife geht die Farbe nicht ab. Nur mit aggressiven

Substanzen, über die der Chemielehrer verfügt, läßt sich etwas ausrichten. Aber da man nicht weiß, wie viele Hautschichten sich bei dieser Reinigungsprozedur mit ablösen, vertraut man lieber auf Wind, Wetter und den Zahn der Zeit. Nach drei oder vier Tagen werden die Flecken blasser, und wenn man wieder etwas zu vervielfältigen hat, sind die Finger, wenigstens am Anfang, so sauber wie die von Adam und Eva im Garten Eden.

Das ist der einfache Fall der Beschmutzung. Der fortgeschrittene ergibt sich dann, wenn etwa Fräulein J. im Eifer des Gefechts an den hellen Lederrock greift und ihn für alle Zeiten blau mustert. Der Rock ist hin, nur noch zum Autowaschen oder bei Gartenarbeiten zu gebrauchen. Am tollsten treibt es I., der sich den Schweiß von Backen, Nase und Stirn wischt und hinterher aussieht wie ein Comanche auf dem Kriegspfad. So muß er dann noch vier Stunden unterrichten!

Nun, das sind kleine Opfer, die man dem Moloch darbringt. Hauptsache, die Schüler haben etwas vor sich liegen, das sie beschäftigt und belehrt. Kritischer ist der Fall, wenn man eine Matrize für die Klassenarbeit in der nächsten Stunde einlegt und durchdreht, die Finger keine Farbe annehmen, aber die Blätter auch nicht! Da könnte jeder zum Maschinenstürmer werden, und es ist schon vorgekommen, daß F. von zwei Kollegen gewaltsam daran gehindert werden mußte, das Teufelsding zum Fenster hinauszuwerfen.

Manchmal beginnt der ›Apparat‹ völlig korrekt und sondert ein tadellos bedrucktes Blatt nach dem anderen ab. Man vergißt seinen langjährigen Groll, so etwas wie Dankbarkeit steigt in einem auf. Doch als hätte er nur auf diesen Augenblick der Schwäche gewartet, beginnt der stählerne Kobold plötzlich einen ständig wachsenden Appetit zu entwickeln, der sich zu unheimlicher Gefräßigkeit steigert. Er greift sich zwei, dann vier und schließlich zehn Blätter auf einmal, bedruckt aber nur das oberste.

Einen besonderen Widerwillen scheint er gegenüber G. zu entwickeln, der allerdings dazu neigt, Probleme weniger durch Nachdenken als vielmehr mit Brachialgewalt zu lösen. G. pflegt mit beherztem Schwung den gesamten Papierstoß der Walze zuzuführen – was diese natürlich überfordert. Der ›Apparat‹ streikt, läßt überhaupt kein Blatt durch. Das wiederum betrachtet G. als Herausforderung. Er dreht kraftvoll erst mit einer Hand, dann mit beiden an der Kurbel, die Adern an seinen Schläfen schwellen vor Anstrengung. Da bäumt sich der gepeinigte ›Apparat‹ auf, steigt in die Vertikale, würde sich im nächsten Moment glatt überschlagen – käme nicht Fräulein B. zu Hilfe. Mit zarter Hand legt sie die Blätter neu und locker ein. So mag es der ›Apparat‹, jetzt druckt er artig und voller Unschuld.

Seufzer der Erleichterung gingen durch den Lehrkörper, als der Schulträger endlich ein Fotokopiergerät zur Verfügung stellte. Natürlich kam nur ein gebrauchtes, ausgedientes von der Stadtverwaltung in Frage. Die meiste Zeit ist es kaputt. So bleibt man auch weiterhin auf den ›Apparat‹ angewiesen, zumal jeder Lehrkraft nur eine begrenzte, keineswegs hohe Zahl von Spezialblättern zusteht, die man zum Fotokopieren braucht.

Doch dem ›Apparat‹ ist nicht entgangen, daß er kein Monopol mehr hat. Er ist folgsam geworden wie ein Hündchen, das es seinem Herrn unter allen Umständen recht machen will. Hin und wieder erinnert er sich zwar an seine früheren Unarten, aber nur, um zu beweisen, daß er Charakter hat und seinem Wesen nicht völlig untreu geworden ist.

Trick Nr. 50

Wenn du genau beobachtest, wirst du entdeckst, daß jeder Kollege kleine Rituale zelebriert, um den Vervielfältigungsapparat gnädig zu stimmen, und das gilt auch für das Filmgerät, den Tageslichtprojektor und den Videorecorder. Selbstverständlich leben wir in einem aufgeklärten, rationalen, durch und durch vernünftigen Zeitalter, in dem durch scharfes Nachdenken jede Wirkung auf eine bestimmte Ursache zurückgeführt werden kann. In der Praxis aber haben sich uralte magische Bräuche durchaus bewährt. Handauflegen, Darbringen eines kleinen Papieropfers, beschwörende Worte – du mußt selbst herausfinden, welcher Zauber wirkt.

Der letzte Schultag

Endlich geschafft: Der letzte Schultag ist da! Vor Weihnachten schien es noch völlig unmöglich, daß das je eintreten würde, und vor Ostern reichlich unwahrscheinlich. Nach Pfingsten keimte die erste Hoffnung, wuchs mit dem Siegeszug des Sommers zur Gewißheit, und jetzt ist es Wirklichkeit.

Die Schüler sind kaum zu halten. Auch die Lehrer weilen gedanklich schon im Bayerischen Wald oder auf den Malediven. Eigentlich sind Schule und Unterricht nur noch eine Fiktion, die mit reiner Willenskraft und verschiedenen Tricks aufrechterhalten wird. G. hat, um allen Schwierigkeiten aus dem Weg zu gehen, für seine Klasse eine Radtour angesetzt. Ein ergreifendes Bild: Vorne der ehrwürdige Erzieher, hinter ihm seine Zöglinge, in schöner, geordneter Reihe. So entschwinden sie, einer nach dem anderen, in der Ferne. Drückt sich da nicht eine tiefe symbolische Wahrheit aus? Eben war noch etwas da – jetzt existiert es nicht mehr. Ist es mit dem Gelernten nicht ebenso, mit dem Schuljahr, ja mit dem ganzen Leben?

Es wird dir ganz wehmütig zumute. Zum Glück sorgt deine eigene Klasse dafür, daß du nicht in Melancholie versinkst. Zwar hast du für heute ein Buch mitgebracht, aus dem du eine besinnliche Geschichte vorlesen willst. Aber die Schülerschaft hat sich den Ablauf der letzten Stunden ganz anders vorgestellt. Auf den Tischen ragen riesige Flaschen mit Cola und einem undefinierbaren Gebräu namens ›Spezi‹ auf, umgeben von ebenfalls gigantischen Tüten mit Kartoffelchips. Letztere werden in den Mund geschoben, unter ohrenbetäubendem Knurpschen zerkleinert und mit den Flüssigkeiten hinuntergespült.

Allein vor dieser Geräuschkulisse müßtest du kapitulieren, doch die Schülerschaft hat überdies für flankierende Maßnahmen gesorgt. In einer Ecke des Raumes ist ein großdimensionierter, bombastischer, aber technisch minderwertiger Cassetten-Recorder plaziert und voll aufgedreht. Ein grauenerregender Krach. So muß es in der Hölle zugehen. Die Schülerschaft jedoch fühlt sich in ihrem Element. Wer nicht ißt, trinkt oder sich brüllend mit seinem Nachbarn unterhält, verrenkt in einer Ecke, die man von Tischen und Stühlen befreit hat, die Glieder – der Himmel mag wissen, nach welchen Prinzipien, mit Musik und Tanz hat es jedenfalls nichts zu tun.

Nun ja, es ist der letzte Schultag, und du schreibst in das Tagebuch: ›Festlicher Ausklang mit Schülerbeiträgen.‹ Von nebenan poltert es (beim Cassettenwechsel im eigenen Raum kann man gelegentlich etwas hören) sogar noch schlimmer: als würde das Mobiliar zertrümmert und der Versuch unternommen, Boden und Wände zum Einsturz zu bringen.

Ohne daß du es so richtig bemerkt hast, ist die Tür aufgegangen, und plötzlich steht die Elternvertreterin vor dir. Die Schülerschaft läßt sich in ihrem Festrausch nicht weiter stören. Du siehst, wie die Dame den Mund öffnet, offensichtlich ein paar Worte spricht und dir dann etwas in Geschenkpapier überreicht: vermutlich der Dank der Elternschaft für deine Bemühungen. Du nimmst das Verhüllte entgegen, sprichst deinerseits ein paar verbindliche Worte oder bewegst wenigstens die Lippen, dann entschwindet die Dame wieder, lautlos wie eine gütige Fee. Du wickelst das Geschenk aus: wieder einer dieser obligaten Zinnteller, die so gar nicht zu deinem Lifestyle passen und von denen sich schon etliche im Keller stapeln.

Und dann ist es soweit: Schule aus, Ferien da! Du willst den Schülern noch ein paar freundliche, auch erbauliche Worte mit auf den Weg geben, sie vor allem auf den Termin des ersten Schultages nach den Ferien hinweisen, doch sie stürzen hinaus wie eine Rinderherde, in die ein Hornissenschwarm gefahren ist. Du drückst dich flach an die Wand, um nicht unter die Hufe zu geraten – dann ist das Klassenzimmer leer, abgesehen von Tütenresten, Flaschen, Papierfetzen, Dosen und dergleichen. Ein Pullover hängt schief über einem Stuhl, und ein einzelner Schuh liegt unter einem Tisch.

Der letzte Konvent im Lehrerzimmer. Die Schulleitung geizt nicht mit Lob und dankt allen für ihre aufopferungsvolle Arbeit. Sie entwirft ein grandioses Gemälde von den Ruhmestaten des vergangenen Schuljahres. Nun sieht man es deutlich: Was man als wüstes Chaos empfunden hat, ist in Wahrheit wie ein wunderbar funktionierendes Uhrwerk gewesen. Die einfache Lehrkraft hatte ameisenhaft vor sich hingewurstelt und doch in ihrem Unverstand mitgewirkt, der geheimen Vision der Schulleitung Gestalt zu verleihen.

Frau S. kann ihre Rührung nur noch mit einem auf die Nase gepreßten Taschentuch unterdrücken, und sogar E., in dessen Brust man ein Stück Eis vermutet, hat verdächtig rote Karnickelaugen. Wenn es nun heißt, es gelte Abschied zu nehmen von zwei beliebten Kollegen – der eine ist vom Ruhestand ereilt worden, der andere von einer Versetzung –, ist die Stimmungslage äußerst labil. Würde jetzt Frau S. wirklich zu weinen anfangen, gäbe es kein Halten mehr, der letzte Schultag würde in großem Wehklagen und lautem Flennen ausklingen.

Wie gut ist es da, daß der bei diesen Gelegenheiten übliche Markensekt bereitsteht, so daß man seine Trauer ein wenig lindern kann. An Gläsern fehlt es zwar, da die Mitglieder des Lehrkörpers vollzählig da sind, aber man behilft sich mit Pappbechern, Tassen – und K. trinkt sogar aus dem Milchkännchen, er ist laufend mit Nachschenken beschäftigt. Wie bei einer Beerdigung bessert sich die Laune. Als man schließlich zum gemeinsamen Mittagessen aufbricht, sind die Wangen gerötet, und die Augen glänzen. Manche weniger Trinkfeste bewegen sich schon reichlich exzentrisch. Fräulein B. und Fräulein V. haben sich zur Sicherheit untergehakt und schwanken in das traditionelle Lokal ›Zum fröhlichen Ochsen‹, wo man noch bis weit in den Nachmittag hinein feiert.

Nicht alle sind dabei, das muß gesagt werden. C. etwa ist gleich am Morgen mit seinem vollgepackten Wohnmobil zur Schule gefahren, um zum frühestmöglichen Zeitpunkt mit dem Genuß der Ferien zu beginnen, und dürfte schon im ersten Stau stecken.

Trick Nr. 51

Was soll ich dir für den letzten Schultag noch Tricks nennen, lieber Kollege! Auch wenn für dich an diesem Tag alles danebengegangen ist, wenn du eigenhändig dein Klassenzimmer aufräumen mußtest, um nicht in den Ruf eines Chaoten zu geraten; wenn dich die Schulleitung mit keinem Wort in ihrer Ruhmeslitanei erwähnt hat; wenn du von dem ausgeschenkten Champagner einen solchen Brummschädel bekommen hast, daß du den ersten Ferientag zu Hause bei zugezogenen Vorhängen verbringen mußt – was soll's! Du hast ein ganzes Schuljahr durchgestanden, ohne auf der Strecke zu bleiben. Also mußt du recht ordentlich getrickst haben.

Literaturverzeichnis

Buller, Bruno, Fruchtbare und unfruchtbare Momente in der 6. Unterrichtsstunde, Hamburg 1902, bei Claks.

Hardt, Friedrich von der, Anmerkungen zur Leibesertüchtigung im Landschulheim, Frankfurt 1905, bei Schliff (vormals Schlapp'sche Verlagsdruckerei).

Humboldt-Götz, Maximilian, Schmieren – aber richtig! Zur Bedeutung des Pausenbrotes, Königsberg 1912, bei Simoneit.

Mutschler, Adolf G., Strenge Liebe, Grundsätzliches zu einer Neuen Pädagogik, Breslau 1895, im Selbstverlag.

Prank, August, Abriß einer Geschichte des deutschen Hausmeistertums, Stuttgart 1899, bei Schlägele.

Schray, Alfons, Die große Pause als pädagogischer Freiraum, Dresden 1907, bei Bemme.

Stadelwurm, Ludwig, Der dumme Schüler, Anregungen zur Förderung desselben, München 1908, bei Bayrhammer.

Staup, Johann-Günther, Die Kunst des Tafelanschriebs, mit zahlreichen Kalligraphien von Professor Max Schwengel, Pädagogischer Verlag Bluhm, Göttingen 1907.

Wilhelm-Greiff, Paul, Die Anfangsoffensive. Handreichungen für den erfolgreichen Stundenbeginn, Leipzig 1901, bei Blücher.

Wolff, Siegfried, Reinlichkeit im Klassenzimmer – Anspruch und Wirklichkeit, Frankfurt 1909, bei Starck.

Juristischer Hinweis

Der Versuch, den Autor wegen Aussagen in diesem Buch gerichtlich belangen zu wollen, ist töricht, unverständlich und zum Scheitern verdammt. Jede Ähnlichkeit mit zufällig lebenden oder zufällig toten Personen wäre für den Verfasser höchst wunderbar. Auch bei strengstem Verhör, selbst bei Vorzeigen der Instrumente könnte er zur Entstehung des Buches nur sagen: Er habe zunächst alles aufgeschrieben, was ihm in der Schulwirklichkeit vor Augen und zu Ohren gekommen sei. Dann aber habe er diese Aufzeichnungen mit einem dicken Strich entwertet und einzig und allein aus seiner Fantasie geschöpft. Nicht die tatsächliche Einrichtung ›Schule‹ sei dargestellt, sondern ihre rein hypothetische Entartung in den Irrsinn, vor dem uns ein gütiges Schicksal bewahre! Wenn nun einzelne Individuen danach eifern, diesen nur ausgedachten Irrsinn in die Wirklichkeit umzusetzen, ja ihn sogar noch zu übertreffen – wer kann da dem Verfasser einen Vorwurf machen? Es wäre nur eine Bestätigung des alten englischen Sprichworts: Truth is stranger than fiction, die Wahrheit ist immer komischer, als was man sich ausgedacht hat.

Diese Erklärung wurde bei klarem Verstand, in geordneten wirtschaftlichen Verhältnissen, in Anwesenheit eines bezahlten Advokaten und in Abwesenheit dreier Schulräte gegeben.

HEYNE
TASCHENBÜCHER

Humor, Nonsense, Graffiti, Neues von der Szene

01/7902

01/8068

01/6548

01/8088

01/7949

01/6737

01/8074

01/6699

Cartoons

zum Schmunzeln

Eine vergnügliche Welt
voll spritzigen Humors.

PETER GAYMANN
Hühner auf Reisen
CARTOONS

01/8001

01/7778

01/8056

01/7961

01/7883

01/6854

01/7822

Wilhelm Heyne Verlag München

PETER GAYMANN

Hühner auf Reisen

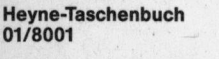

Peter Gaymanns
Hühner kennt
jeder: Der erfolg-
reichste junge
Cartoonist er-
oberte sich mit
seinem unnach-
ahmlichen Stil
eine begeisterte
Fan-Gemeinde.

Heyne-Taschenbuch
01/8001

Wilhelm Heyne Verlag
München